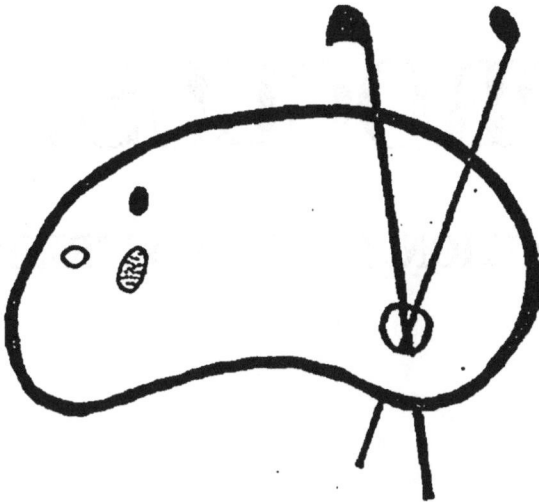

DEBUT D'UNE SERIE DE DOCUMENTS
EN COULEUR

PROCLUS,

EXPOSITION DE SA DOCTRINE.

PARIS. — IMPRIMERIE DE BOURGOGNE ET MARTINET,
rue Jacob, 30.

A MONSIEUR

Auguste Vincens de Gourgas,

PROVISEUR DU COLLÉGE ROYAL DE REIMS.

Témoignage de reconnaissance et d'affection.

A. BERGER.

PROCLUS,
EXPOSITION DE SA DOCTRINE.

Héritier de la philosophie grecque tout entière, et devenu maître, par un travail opiniâtre, de tout son héritage, Proclus a légué à son siècle et aux âges suivants une doctrine complète et arrêtée, qui est en même temps le dernier mot du platonisme, et un immense répertoire des opinions de tous les philosophes. Comparer son système aux doctrines antérieures de la philosophie grecque, montrer ce qu'il leur emprunte, comment il le modifie, et ce qu'il y ajoute; signaler ce qu'il renferme de vrai, apprécier sa part dans l'œuvre commune de la science; ce serait une tâche magnifique, et un travail d'autant plus utile, que Proclus est peut-être de tous les philosophes celui que les historiens de la philosophie ont le plus négligé, ou le plus dédaigné. Je n'ai point voulu m'imposer une tâche trop au-dessus de mes forces ; je n'essaierai, ni de comparer Proclus à ses devanciers, ni de juger sa valeur absolue; j'essaierai seulement d'exposer sa doctrine, et de reconstruire l'édifice dont il a laissé, je le crois, tous les matériaux, quoique dans un désordre qui ne permet pas de les apercevoir d'un coup d'œil. Je n'ai d'autre ambition que celle d'être exact, je n'ose pas dire complet ; et je prends courage en songeant que la première, et peut-être la seule qualité qui soit ici nécessaire, c'est la patience.

Des nombreux écrits de Proclus qui nous sont parvenus, aucun n'est consacré à exposer l'ensemble de sa doctrine : seulement la *Théologie selon Platon* contient, sous forme symbolique, la Théodicée de l'auteur presque tout entière ; et dans les *Éléments de théologie*, les théorèmes sont disposés à peu près dans l'ordre où l'on a besoin de les rencontrer, pour reconstruire le système. Ce sera donc en réunissant des passages divers, en les comparant et en les discutant, que nous établirons toute la suite de la philosophie de Proclus : méthode périlleuse sans doute, mais par laquelle Proclus lui-même a cru retrouver avec certitude la doctrine de Platon (1); et qui n'aura pas ici, je l'espère, de graves inconvénients, parce que les textes sont aussi nombreux qu'explicites.

(1) Théologie selon Platon, Liv. I. ch. 6.

PRÉLIMINAIRES.

I. *Il y a une science philosophique. — Quelle est cette science, et quelle place elle occupe dans le développement humain.—Comment on s'y prépare.*

Dans toute recherche, on doit commencer, selon Aristote (1), par constater l'existence de l'objet de la recherche; immédiatement après, il faut s'occuper de sa nature. Proclus recommande cette méthode; toutefois il remarque, et avec raison, ce me semble, qu'avant de se demander si une chose existe, il est nécessaire d'en avoir une certaine connaissance : notion confuse, incomplète, qui ne dispense point d'examiner la question de *nature*, mais qui permet de résoudre la question d'*existence* (2).

Y a-t-il une science philosophique? Plusieurs en doutaient, au temps de Proclus : « Il me semble, disait-il à son ami Théodore, qu'à force » d'avoir entendu Socrate répéter qu'il ne savait rien, se moquer de ceux » qui prétendaient tout savoir, déclarer que plus on s'éloigne de l'affir- » mation, plus on s'approche de la vérité, prouver aux sciences les mieux » reconnues qu'elles n'étaient pas de véritables sciences, tu en es venu à » douter que nous puissions aucunement connaître la vérité, à croire » que seulement nous pouvions rêver la connaître (3)! » Mais il n'engage pas à ce sujet une polémique sérieuse : « Si nous ne pouvons rien savoir, « dit-il, nous ne pouvons pas plus nier qu'affirmer (4). »

Il ne s'échauffe pas davantage contre ceux qui ne voyaient dans la science de l'arménide (5), comme dans celle de Socrate (6), qu'un art de parler sans rien dire. Il s'en tient à la défense de Socrate : ce sont propos d'ignorants (7). Et néanmoins il avoue que la dialectique étant comme l'enseigne Platon (8), une branche de l'éristique, la multitude légère a pu s'y tromper (9).

L'âme peut-elle ici-bas s'élever à la contemplation des êtres, enchaînée qu'elle est dans sa lourde prison? Dans les entretiens secrets de Platon avec ses disciples, la question avait été soulevée; mais la discussion, s'écrie Proclus, ne dut pas être longue (10)! Et il cite les passages où l'opinion de Platon à cet égard se montre à découvert : ici, c'est un

---

(1) Analyt. Poster. Liv. II. c. 1.
(2) Commentaire sur l'Alcibiade, T. III, p.
141. édit. de Paris.
(3) De la Providence, du Destin, et de la Liberté, c. XXXVIII. T. 1 de l'éd. de Paris.
(4) Ibidem.
(5) Plat. in Parmen.

(6) Plat. in Phædon.
(7) Plat. in Theæt.
(8) Plat. in Sophis.
(9) Sur tout ce passage, Comm. sur le Parménide, T. IV, p. 50-53 de l'éd. de Paris.
(10) De la Providence, du Destin, etc., c. XXXIX.

coryphée parlant du ciel et des astres , et recherchant la nature de tous les êtres (1); là , ce sont des hommes s'élevant , par la dialectique , jusqu'à l'idée du bien absolu (2).

Il est donc évident pour Proclus qu'il y a une science philosophique ; et ce point ne lui paraît pas susceptible d'être sérieusement contesté ; mais quelle est cette science?

Nous sommes entourés d'un monde qui nous est révélé par les sens , monde instable et jamais identique à lui-même ; les impressions qu'il fait sur nous sont mobiles comme lui , vaines et trompeuses; de là naissent en nous ces désirs impurs , qui nous entraînent, tantôt vers des plaisirs déraisonnables. tantôt vers des actions peu sensées ou contradictoires (3). Ce monde , avec sa mobilité, ses futiles apparences, son désordre et ses séductions impies , ne peut être l'objet d'aucune science (4); à plus forte raison de la science philosophique.

Au dessus de la sensation et des images qu'en s'évanouissant elle dépose dans les âmes , nous reconnaissons ces notions vagues (5) dont on ne sait rendre compte , mais que la multitude accepte aveuglément, et que les sophistes combinent habilement ; ce n'est là qu'un empirisme, la sensation, l'imagination y paraissent encore ; ce n'est point la science philosophique (6).

Allons plus loin. Ne parlons plus de ces idées qui sont venues dans l'âme à la suite de la sensation, et qui ne représentent que le sensible , c'est-à-dire le variable. Nous savons que l'âme parvient à s'en dégager, et, s'élevant jusqu'au raisonnement, pose des principes, et en tire les conséquences nécessaires ; elle fait mieux encore : elle conçoit que ces parties dispersées ont quelque chose de commun ; elle réunit, elle distingue (7) ; elle manifeste le point de départ , d'où les démonstrations ont fait jaillir tout le reste : il est clair qu'ici nous avons une science. De cette nature sont l'arithmétique , la géométrie , etc. Mais les principes ont été admis sans être vérifiés ; les conclusions qu'on en tire sont évidentes, mais les principes eux-mêmes sont obscurs et incertains. Ce n'est point encore la *science* , ce n'est point la philosophie (8).

Mais n'y a-t-il dans l'âme d'autres connaissances que la sensation si fugitive, l'opinion si trompeuse, le raisonnement et ses procédés, incapables de rien fonder par eux-mêmes? « Il y a un autre mode de con-

(1) Plat. in Theæt.
(2) Plat. in Rep.
(3) Com. sur l'Alcib. T. III, p. 105.
(4) Id. T. II, p. 235-6.— Comm. sur le Parm. T. V. p. 275. — Comm. sur le Timée, p. 51.
(5) Plat. in Menon. L'opinion est la connaissance sans cause — Aristote. Apodeict : des nécessaires, il y a science : des contingents,

opinion. — Proclus, comm. sur l'Alcib. T. III. p. 404.
(6) Comm. sur le Timée. p. 21.
(7) Le propre de la science. c'est la composition et la distinction des idées. Comm. sur le Tim., p. 256.
(8) De la Providence, du Destin. etc. c. XXI, XXII.

» naissance, plus simple que les trois autres, puisqu'il n'exige l'emploi
» d'aucune méthode, de l'analyse ni de la synthèse : l'âme, par une
» simple intuition, atteint la vérité, la voit de ses propres yeux, pour
» ainsi dire,... c'est ce que veut dire Aristote (1), lorsqu'il constate l'*in-
» telligence* qui est dans l'homme, et la définit : ce par quoi nous pou-
» vons définir (2). » Proclus nous signale ici la *conception*, νόησις. Or la
νόησις n'est pas une simple notion, ψιλὴ γνῶσις, notion de l'accident ou du
phénomène; elle atteint les essences (3). Nous voilà parvenus dans la
région de l'intelligible (4), à la sommité de la pensée (5); nous sommes
dans le vrai domaine de la philosophie. Elle part de la *définition*, que lui
donne la *conception;* et l'objet de sa recherche, c'est l'être (6), l'être
sous ses deux points de vue, de cause et de substance (7). Elle est, en un
mot, la conception persistante et uniforme des universels (8).

Tel est ce qui, dans la philosophie, est purement philosophique; mais
le raisonnement, l'analyse et la synthèse, tous les procédés des sciences
ne lui sont point étrangers : νόησις μετὰ λόγου, dit Proclus, après Platon (9).
Ces deux facultés lui sont en effet nécessaires, pour contempler et l'ordre
du monde et sa cause invisible, ce qui est le propre d'une science parfaite (10). Et c'est ce que Proclus répète sous une autre forme, lorsqu'en
appelant *dialectique inférieure*, celle de Zénon, qui argumente; *dialectique
supérieure*, celle de Parménide, qui contemple les êtres; il les approuve
toutes les deux (11).

Mais ce serait s'abuser, que de se croire parvenu, avec la philosophie,
au terme du développement humain. C'est l'erreur d'Aristote, qui n'a rien
vu au-delà de l'intuition des premiers principes de la science. Platon nous
apprend (il le tenait lui-même des théologiens) qu'avec la connaissance
intellectuelle, il y a une opération de l'âme plus élevée encore et plus
vénérable : l'âme se ferme à la science, se fait muette et silencieuse à
l'intérieur, s'enveloppe dans son repos, se fait *une* pour contempler, que
dis-je? pour être l'unité divine, dans laquelle ainsi elle parvient à s'absorber tout entière. Elle connaît alors, comme les dieux connaissent,
d'une manière qui ne peut s'exprimer en langage humain, c'est-à-dire
par la vertu même de l'*Unité*, qui est devenue son essence (12). Cette opération vraiment divine, c'est l'*enthousiasme*, la *contemplation*, qui est

(1) Aristote. Analyt. post. L. I. c. 3.
(2) De la Providence, du Destin, etc. c. XXIII.
(3) Comm. sur le Parm. T. V, p. 150.
(4) C'est par la νόησις que l'on connaît les intelligibles. Comm. sur le Parm. T. IV, p. 153.
(5) La science n'est pas la sommité de la pensée; au-dessus d'elle est l'*intelligence.* Comm.
sur l'Alcibiade. T. III, p. 105.
(6) Comm. Rép., p. 425.
(7) L'être est cause de ce qui vient après lui.

Théologie selon Platon. L. III, c. 14. — Tout
être est substance par lui-même. Comm. sur le
Timée. p. 73.
(8) Théolog. selon Platon. L. IV, c. 16.
(9) Plat. in Tim. — Comm. sur le Tim.,
p. 72.
(10) Comm. sur le Tim., p. 49.
(11) Comm. sur le Parm. T. IV, p. 111.
(12) De la Providence, etc. c. 24 en entier.

supérieure à toute philosophie(1), mais à laquelle on ne saurait s'élever, si l'on n'est philosophe (2).

Ainsi, pour ne plus parler des idées venues par la sensation, et des opinions acceptées sans motifs, la philosophie est supérieure à toute collection d'idées légitimées par le raisonnement, réunies en un corps, ayant acquis valeur de science, mais dont l'ensemble est fondé sur des principes qui n'ont pas été vérifiés, parce que la science, avec les seuls moyens qui lui sont propres, ne saurait aller jusque là. Elle est inférieure à cette lumière céleste et ineffable, où l'âme peut quelquefois atteindre, lorsque, dans le silence des passions et de la raison même, elle devient, non pas seulement essence, mais unité pure, et s'identifie avec Dieu. La philosophie est donc la région moyenne du perfectionnement de l'âme (3).

En distinguant la philosophie de ce qui n'est pas elle, en montant par degré des connaissances les moins dignes de ce nom jusqu'à celles qui revendiquent le titre de sciences, et enfin jusqu'à la science philosophique elle-même, nous n'avons pas seulement établi quelle est la nature et le rang de la philosophie, nous avons montré en même temps quelle route le jeune adepte doit suivre pour y parvenir (4). Car d'oser l'aborder sans aptitude et sans préparation, ce serait folie. « Chez la plupart » des hommes, dit Proclus, empruntant les paroles de l'étranger d'É- » lée, les yeux de l'âme ne peuvent supporter la contemplation de la » vérité 5. »

Anciennement, c'était par des signes cherchés dans l'extérieur corporel, que les pythagoriciens reconnaissaient si le disciple qui venait à eux pouvait atteindre à une vie supérieure. Car la nature, qui fait les corps pour les âmes, donne à celles-ci des organes qui leur conviennent; le corps est, en quelque sorte, une image de l'âme, et en laisse apercevoir les propriétés à qui est doué d'une pénétration suffisante (6).

Le disciple de Proclus qui a écrit sa vie, Marinus, énumérant les perfections de son maître, nous apprend qu'on trouvait en lui toutes les qualités dont la réunion constitue *la capacité philosophique*, et il cite : la facilité, la mémoire, l'élévation d'âme, la grâce, l'amour et le discernement de la vérité, de la justice, du courage et de la tempérance (7). L'homme qui aura ces dispositions naturelles devra rompre sans délai avec la vie extérieure; elle ne peut offrir que trouble et que misère (8);

(1) Comm. sur le Timée, p. 334, et p. 68.
(2) Comm. sur l'Alcib. T. III, p. 10, et p. 105-6. Sur la contemplation, voir : Théol. selon Plat. Liv. I. c. 26. L. IV. c. 9. — Comm. sur le Parm. T. VI, p. 42, p. 68, etc. etc.
(3) Comm. sur l'Alcibiade, T. III, p. 10. — Comm. Tim., p. 68.

(4) Comm. Alcib., T. III, p. 105-111.
(5) Platon, Sophist. — Proclus, Comm. sur l'Alcibiade, T. II, p. 104.
(6) Id. T. II, p. 255. — Comm. Tim., p. 16.
(7) Vie de Proclus, par Marinus.
(8) Comm. s. l'Alcibiade, T. II, p. 240.

les richesses, les amis, les honneurs ne sont pas des biens véritables ; ils n'en sont que la vaine ombre (1). Il devra aimer le silence, qui est le symbole du mépris que l'on a pour le monde matériel (2). Il devra enfin pratiquer la vertu (3) : sans cela il ne parviendrait point à parler la langue des sages (4).

Pour s'affermir dans cette voie, pour s'éloigner du sensible et s'approcher de l'intellectuel, rien de plus utile que l'étude des mathématiques (5) ; elles élèvent l'esprit et le stimulent en même temps (6) ; elles ont quelque chose qui attire vers l'être et qui en fait souvenir (7) ; elles ne nous disent rien, sans doute, sur le rang et les limites de chaque être dans le sein de la Divinité : mais elles ne laissent subsister dans l'âme aucune de ces images grossières, de ces symboles matériels qu'elles y avaient trouvés ; elles la purifient, et la préparent à communiquer avec l'intelligence (8).

L'âme, ainsi purifiée, secoue sa torpeur et *s'étonne ;* l'*étonnement* est le premier signe en elle de la vie philosophique (9). Naguère plongée dans la double ignorance, elle ne savait pas et croyait savoir ; elle sait maintenant qu'elle ignore (10). Ses yeux vont bientôt s'ouvrir à la connaissance des universels ; par cela même qu'elle s'étonne, elle établit déjà des relations avec eux (11).

Mais ici qu'elle prenne garde. Elle commence à connaître le but qu'elle doit poursuivre ; elle cherche la route qui devra l'y mener : plus d'un chemin va lui apparaître, plus d'un guide va s'offrir. La poésie, la première, élèvera la voix : elle raconte l'histoire des dieux et des héros (12 ; le voile qu'elle étend sur la vérité (car le mythe est de l'essence de la poésie (13), transparent pour les âmes d'élite, dérobe les saints mystères à la vue des profanes (14) : elle n'est que l'enveloppe symbolique de la science véritable (15).—Oui, mais elle défigure les dieux et les héros en leur prêtant les passions d'ici-bas (16) ; ce sont les détails mêmes de la fiction, et non ses préceptes obscurs, qui nous captivent et que reproduisent nos actions (17) ; enfin, tout en avouant que les mythes, bien expliqués, ne sont point en opposition avec la nature des choses, il faut convenir que cette opération est au-dessus des forces de la jeunesse (18), et que les mythes sont un mauvais moyen d'instruction (19).

(1) Id. id., p. 230.
(2) Id. id., p. 175.
(3) Théol. scl. Platon. L. I. c. 2.
(4) Comm. sur le Tim., p. 21.
(5) Comm. Alcib. T. II, p. 270.]
(6) Id. T. I.d II, 58.
(7) Comm. Tim., p. 15.
(8) De la Prov., etc., c. XII. — Et encore XXXI et XXXIII.
(9) Comm. Alcib. T. III, p. 112-115. — Le mot est de Platon. Théét.
(10) Comm. A c. T. III, p. 51, p. 11.

(11) Comm. Tim., p. 41.
(12) Comm. sur la aépubl., p. 560-561.
(13) Id., p. 566.
(14) Id., p. 569.
(15) Proclus prend un à un les mythes d'Homère, et fait voir, en les expliquant, qu'ils cadrent tous avec son système philosophique. Comm. Rép., p. 568-592.
(16) Id., p. 560-1.
(17) Id., p. 561.
(18) Id., p. 581.
(19) Id. p. 570.

Voilà ce qu'on peut alléguer pour et contre la poésie ; des deux côtés, toutefois, on serait dans l'erreur. Il y a plusieurs espèces de poésie ; les unes méritent tout le bien, les autres tout le mal qu'on en voudra dire. Distinguons dans la poésie trois genres principaux, qui s'adressent à trois états de l'âme : la première, que j'appelle enthousiaste, correspond à la vie divine de l'âme ; la deuxième, que j'appelle raisonnable, se rapporte à la vie philosophique ; la troisième enfin, ou poésie d'imagination, chante pour la vie matérielle (1). La première, qui, selon Socrate, est une fureur divine ; la deuxième, qui révèle les êtres, qui annonce l'intelligence, qui enseigne la vertu, comme a fait Théognis, par exemple, doivent échapper à la condamnation ; la troisième enfin, qui peut encore être approuvée quand elle donne des images fidèles, doit être proscrite lorsqu'elle n'a pour but que de procurer du plaisir (2). Si toute poésie sans exception était digne de blâme, comment excuser Platon, qui a si souvent relevé la gloire d'Homère (3 ? Et s'il n'y avait de reproches à faire à aucun genre de poésie, comment encore excuser Platon, qui, dans sa République, a si vivement condamné Homère (4 ? Il y a mieux : les dialogues de Platon, et par leur forme même, et par les mythes qui s'y trouvent, ne se rapprochent-ils pas assez de la poésie d'Homère, pour qu'on ne puisse absoudre ou condamner l'un qu'avec l'autre (5) ? — Ajoutons qu'Homère a pour lui les recommandations de Pythagore, de Lycurgue et de Solon (6).

Pour conclure, la poésie n'est point absolument bonne en soi, puisque, dans la conception du prototype de l'Etat, elle ne saurait trouver place (7) ; elle n'est point absolument mauvaise, puisque, sous plusieurs de ses formes, elle ne mérite aucun reproche. Proclus écarte donc des mains des jeunes gens la plupart des mythes, comme ceux d'Homère, d'Hésiode, etc. (8) ; il permet une muse austère et qui n'inspire que la vertu (9). Il est évident que Proclus, qui, toute sa vie et jusque sur son lit de mort, chantait les vers d'Orphée (10), qui lui-même a composé plusieurs hymnes, n'a pu se résoudre à sacrifier complétement la poésie ; et néanmoins, à l'exemple de Platon, il ne manque aucune occasion d'ôter tout crédit aux poëtes, et lorsqu'il s'agit des plus hautes vérités de la philosophie (11), et même lorsqu'il n'est question que d'expliquer la nature (12).

Mais si Proclus, un peu moins sévère que Platon, permet encore de

(1) Id., p. 399.
(2) Id., p. 400-5.
(3) Voyez Platon, Minos, Les Lois, Apologie de S., Banquet, Ménon, etc., etc. — Et, même dans la Républ., il a loué quelques passages d'Homère.
(4) Comm. Républ., p. 392-5.
(5) Id., p. 394.

(6) Id., p. 406.
(7) Id., p. 562.
(8) Id., p. 570.
(9) Id., p. 561.
(10) Vie de Proclus, par Marinus.
(11) Comm. Tim., p. 18.
(12) Id., p. 88.

nommer la poésie parmi les préludes à la philosophie, il condamne aussi énergiquement que son maitre les sophistes et la sophistique. Ne vous adressez pas à eux (1), dit-il, la science n'est pas leur partage; ils arrangent habilement des paroles qui n'ont aucun sens, et, de quoi que ce soit, ils ne sauraient exposer la cause (2).

En supposant même que poëtes ou sophistes pussent donner quelque partie de la science, il y aurait encore à la recevoir ainsi plus d'un inconvénient. Il y a pour nous deux manières de devenir savants : nous prenons d'autrui la science toute faite (μάθησις); ou, par nos propres forces, nous découvrons, nous élaborons (εὕρεσις) (3). Or, cette seconde méthode est évidemment supérieure à la première; il ne pourrait y avoir au-dessus d'elle que la révélation de la vérité par les dieux (4). L'εὕρεσις convient à un être qui, comme l'âme humaine, vit de sa propre vie, est la vraie cause de ses actions (5). C'est donc par nous-mêmes que nous devons chercher à connaître.

Ce n'est pas que, pour sortir de l'engourdissement où nous retient plongés la double ignorance, et concevoir le désir d'atteindre à la vérité, nous n'ayons besoin d'aucune impulsion étrangère; avant d'aborder la *recherche* (εὕρεσις), il est indispensable que l'*enseignement* (μάθησις) nous y ait préparés (6). Mais, outre que cet enseignement ne peut être qu'une simple indication de la voie à parcourir, et un encouragement à y pénétrer, il faut encore qu'il nous vienne d'une intelligence amie, et qu'il soit donné par une méthode convenable. De là l'importance de l'Amitié chez les pythagoriciens, qui regardaient la fréquentation des sages comme le plus puissant moyen d'éducation (7); de là ces éloges que donne Proclus à l'interrogation socratique, par laquelle on est forcé, non seulement de soumettre ses préjugés à un examen sévère, et de comprendre la nécessité de la science, mais encore de travailler soi-même pour trouver des réponses, et de commencer ainsi la Recherche philosophique (8).

Il s'agit maintenant de savoir ce que nous devrons d'abord étudier pour arriver plus sûrement au divin et à l'universel, en même temps que nous serons mieux préparés à le saisir et à le comprendre. Cet objet de nos premières investigations ne sera pas difficile à découvrir : c'est nous-mêmes (9). L'âme, pour se purifier, pour préluder à la contemplation des essences, ne saurait mieux faire que de se prendre elle-même pour matière de ses observations (10). N'entrez pas dans le sanc-

(1) Comm. Tim., p. 18.
(2) Id., p. 21.
(3) Comm. Alcib. T. III, p. 95.
(4) Id., p. 100, — p. 30.
(5) Id., p. 30.
(6) Comm. Alcib. T. III, p. 29.
(7) Comm. Parm. T. IV, p. 78.
(8) Comm. Alcib. T. III, p. 4, 5.
(9) Pour ceci et ce qui va suivre, Comm. Alc. T. II, p. 1-28
(10) Id., id., p. 22.

tuaire, si vous n'êtes initiés et purifiés, disait-on à ceux qui pénétraient dans l'enceinte sacrée d'Eleusis. Γνῶθι σαυτόν, disait l'inscription du temple de Delphes ; comme si le dieu voulait nous apprendre quelle est la préparation convenable pour nous élever purs jusqu'à lui (1).

L'étude de l'âme par elle-même n'est pas seulement une excellente préparation à la philosophie, et parce qu'elle nous détache plus complétement du monde extérieur, et parce qu'elle sert à exciter en nous cet amour de la vérité, le plus puissant auxiliaire de la science, au dire de Socrate (2) ; l'étude de l'âme par elle-même est quelque chose de plus : elle est le commencement et le vrai point de départ de la philosophie (3). Elle est l'intermédiaire par lequel on arrive à la connaissance du divin (4), à la condition, toutefois, de procéder scientifiquement (5), c'est-à-dire de constater d'abord les opérations de l'âme, de déterminer ensuite les puissances qu'elle possède, d'en venir alors à contempler son essence, et de remonter enfin jusqu'à la conception des premières causes (6).

Récapitulons brièvement les différentes phases de ces études préliminaires, après lesquelles, armé de tous ses moyens de connaître, le philosophe (car on doit maintenant lui donner ce nom (7)) pourra essayer d'établir une théorie.

En nous retirant du commerce du monde, en nous appliquant à triompher des mauvaises passions, nous avons écarté les obstacles qui nous interdisaient l'accès aux spéculations philosophiques. En nous livrant à l'étude des sciences qui font usage du raisonnement, établissent des classifications, nous avons contracté l'habitude des exercices qui plus tard nous seront nécessaires. En fermant l'oreille aux séductions de la poésie, à la malice des sophistes, nous avons évité la route qui mène à l'erreur. Enfin, déterminés par les conseils d'Apollon et des sages à étudier notre âme et ses puissances, nous pouvons nous assurer par nous-mêmes que nous sommes dans la bonne voie, puisque, débutant par les opérations inférieures de l'âme (αἴσθησις, δόξα), nous avons su nous élever jusqu'à celle qui est plus spécialement la sienne (λόγος), à celle même qu'elle possède en vertu de sa participation à l'intelligence (νόησις), et qui, tout en lui fournissant les notions des causes premières, la prépare à cette contemplation mystérieuse du Dieu suprême (8).

(1) Comm. Alcib. T. II, p. 125.
(2) Id., p. 166. — Comm. Parm. T. IV, p. 84.
(3) Comm. Alcib. T. II, p. 2—13.
(4) Id. id. p. 219.
(5) Id. id. p. 12.

(6) Id. T. III, p. 145.
(7) Comm. Parm. T. IV, p. 72.
(8) Comm. Alc. T. III, p. 105-6. — Voyez encore la même doctrine résumée en d'autres termes : Comm. Parm. T. V, p. 312.

II. *Méthode d'exposition.* — *Division de la philosophie.*

« Le vrai philosophe, dit Proclus, remonte des sensibles aux *Idées* (qui
» sont les types intellectuels des sensibles), et ne s'arrête pas là : il faut
» qu'il atteigne les causes des *idées* elles-mêmes, causes purement intel-
» ligibles et distinctes de leurs effets (1). » Ce passage résume, en les
confirmant, tous ceux par lesquels nous avons fait voir comment, selon
Proclus, on acquiert la science philosophique.

Mais, cette science une fois arrêtée dans notre esprit, l'exposons-nous
comme nous l'avons acquise, c'est-à-dire en commençant par les points
de vue inférieurs, pour finir par les causes premières, et la première de
toutes? Ou bien, partant du principe suprême, ce qui serait conforme à la
nature des choses, descendons-nous par degrés aux intermédiaires et
enfin aux derniers anneaux de la chaîne universelle? La seconde méthode est la plus scientifique (2).

Il fallait, toutefois, avant de poser le premier principe, montrer par
quels exercices l'âme devenait capable de le concevoir, et de le suivre
dans tous les détails de ce monde qu'il produit éternellement. Timée,
comme le remarque Proclus, avait suivi cette voie dans le dialogue qui
porte son nom : « Il se replie sur lui-même, s'observe et s'interroge, en
» un mot, raisonne (διάνοια); puis il conçoit et pose d'abord (νοῦς) le
» principe, qu'il justifie et commente ensuite par les procédés de la
» science (λογισμός). La conclusion lui apparaît ainsi avant la démonstra-
» tion ; c'est ce qui arrive aux *Enthousiastes,* qui voient d'abord synthé-
» tiquement l'universel ; puis, descendant de l'intelligible, il expose
» scientifiquement la nature du monde (3). »

Nous avons accompli l'acte préparatoire de cette méthode ; il nous
reste donc à exposer la théorie elle-même, en commençant par ce
qu'elle contient de plus élevé, de plus général, pour finir par l'inférieur
et le particulier.

Or, le monde est double (4) : celui que les sens nous révèlent n'est
que l'image d'un autre, meilleur et plus parfait (5) ; monde supérieur,
dont l'immuable (6) unité (7) renferme les types distincts et les causes
actives (8) de tout ce qui existe ; monde céleste, où se pressent autour
du Dieu suprême, dans une éternelle harmonie, les ordres saints des
dieux, ses ministres (9). Il y aura donc deux parties dans la science :

(1) Comm. Rép. p. 425.
(2) Comm. Alcib. T. II, p. 185.
(3) Comm. Tim. p. 86.
(4) Comm. Tim., p. 4.
(5) Théol. s. Platon. Liv. I, c. 20. — Comm.
Parm. T. IV, p. 116. — Comm. Tim., p. 29.

(6) Théol. s. Platon, Liv. I, c. 16, c. 17, c. 19.
(7) Comm. Tim., p. 6, 12, 16, etc.
(8) Comm. Tim., p. 9, 27, 28, 29. — Comm.
Parm. T. V, p. 227.
(9) Théol. selon Platon.

l'une, parlant de la cause première, expliquant la hiérarchie des causes
qui en dérivent, développant des idées que la seule intelligence peut
atteindre, s'appellera Théorie des intelligibles (νοητῶν), ou, d'un nom plus
précis encore, Théologie (1) ; l'autre, rendant compte de l'organisation
du Tout par les puissances divines, de la vie universelle, et des existences particulières qui la composent, sera la Théorie des Cosmiques (ἐγ-
κοσμίων), ou mieux, la Physiologie (2). Ces deux parties comprennent la
philosophie tout entière. L'une est exposée dans le Parménide, l'autre
dans le Timée ; et, si l'on en croit le divin Jamblique, tout Platon est
dans ces deux dialogues (3).

Mais on comprend qu'ils empiètent nécessairement l'un sur l'autre.
Il serait impossible, en effet, de poser des êtres comme premiers, sans
parler des seconds ; de décrire et faire connaître des causes, sans toucher à leurs produits. Aussi le Parménide conduit les causes jusqu'à
leurs effets ; et le Timée commence avant l'organisation, ou, pour parler
sa langue, avant la démiurgie du monde (4).

PREMIÈRE PARTIE.

THÉOLOGIE.

I. *Nécessité de l'existence corrélative de l'Un et du multiple ; le premier principe est l'Un.*

Les êtres, considérés dans leur nature, ne sont-ils qu'un assemblage
d'éléments essentiellement divers ; et, envisagés dans leur ensemble,
sont-ils encore tellement distincts et indépendants les uns des autres,
que dans l'universalité des choses, comme dans chacune en particulier,
les principes soient toujours et nécessairement multiples ? Ou bien, toutes
les parties de chaque être sont-elles à ce point identiques entre elles,
qu'il soit un et seulement un ; et tous les êtres ensemble ne sont-ils qu'un
seul être, dans lequel toute distinction s'efface au sein de l'unité absolue ? Ou enfin, faut-il admettre la multiplicité des êtres, sous l'empire de
l'Unité, qui produit, conserve et dirige (5) ?

En premier lieu, nous ne saurions concevoir comment subsisterait le
multiple absolument privé d'unité. Nous ne pourrions plus, en effet,

(1) Théol. s. Platon. L. I, c. 3.
(2) Comm. Tim. p. 4, 5.
(3) Id. Ibid. — Théol. s. Platon, Liv. I, c. 7.
(4) Comm. Tim. p. 4, 5.
(5) Théol. sel. Platon. Liv. II, ch. 1.

assigner aux êtres ni leur cause ni leur fin ; car cette cause et cette fin seraient multiples aussi, et les décompositions n'auraient point de terme. Rien de fixe n'existant plus, signaler des rapports de ressemblance ou de dissemblance, et, en général, connaître ou définir, deviendrait impossible. Enfin, le multiple ne nous apparaissant que comme une collection d'unités, comment bannir l'idée de l'un, pour faire du multiple pur le principe unique de toutes choses ?

Faut-il au contraire, acceptant l'unité, rejeter le multiple ? Mais cette autre solution exclusive n'est pas plus admissible que la précédente. L'Unité, si elle existait seule, ne pourrait avoir aucun mode ; car toute modification est diversité ; et dès lors, les idées de total et de parties, de principe et de fin, de figure, de changement, de comparaison, etc., n'auraient plus rien de réel. Cette unité incompréhensible ne peut nous satisfaire. Il est donc nécessaire d'admettre l'existence simultanée de l'Un et du multiple (1).

Maintenant, l'Un et le multiple sont-ils sans rapports entre eux ? Et, s'ils en ont, quel est celui qui, comme premier, *constitue* le second ; quel est celui qui, comme second *participe*, μετέχει, au premier ?

S'ils existaient en face l'un de l'autre, dans une indépendance absolue, chacun serait à l'égard de l'autre comme s'il n'existait pas, et nous ramènerions les hypothèses que nous venons de détruire.

Dirons nous que tous deux, principes au même titre, participent l'un à l'autre avec une parfaite égalité ? Mais, s'ils sont essentiellement divers, ils ne peuvent se désirer mutuellement ; il faudrait admettre un troisième principe, qui aurait pour fonction d'unir les deux premiers.

Reconnaissons donc que l'un des deux est supérieur à l'autre. Et puisque nous avons démontré que le multiple ne saurait subsister par lui-même, parce qu'il manquerait de base, tandis que l'unité solitaire ne nous a paru impossible, que parce qu'elle excluait tout développement, disons que l'Un est le supérieur et le premier ; que rien ne peut exister antérieurement à lui ; que le multiple, tout en acquérant, par sa participation à l'Un, cette unité qui lui est nécessaire, n'empêche pas que l'Un-en-soi ne subsiste pur et *imparticipable* (ἀμέθεκτος). Rien n'est avant l'Un ; mais tout dépend de lui : car rien ne peut être, sans être un. La négation du multiple n'est point la négation de l'existence ; elle est plutôt l'affirmation de l'unité ; la négation de l'unité est en même temps celle de toute existence (2).

(1) Id., ibidem.
(2) Tout ce passage est un extrait, le plus souvent textuel, du 1er ch. du 2e livre de la Théol. s. Plat. — La même doctrine se trouve : Comm. Parm. T. IV, p. 104, 105-4, où Proclus refait l'argumentation entière de Zénon, et p. 141-146, où il reproduit en son propre nom ce que nous venons d'exposer. Voyez encore p. 121-2, 206. V. p. 22. Στοιχ. θεολ. prop. I, II, V, XI, XX, etc. — Comm. Alcib. T. II, p. 325, etc., etc. — Théol. s. P. Liv. I, ch. 20.

Cette argumentation, comme on le voit, n'établit pas seulement que le Premier principe est *un*; mais encore qu'il est l'Un en soi; et c'est, en effet, l'idée qu'en veut donner Proclus. Nous abordons avec lui cette théorie célèbre de l'*Un*, dont l'origine remonte aux mystères orphiques (1); qui, plus tard, fut mise dans un demi-jour par Pythagore et les philosophes d'Italie (2); que Platon a développée d'une manière si obscure dans la première hypothèse de son Parménide, et déjà plus clairement dans le Sophiste (3); qui fut reprise et constituée par Plotin (4), enseignée par Porphyre et Jamblique (5), et que Proclus enfin nous a transmise dans sa forme la plus complète et la mieux arrêtée.

II. *Dieu en soi, ou l'Un.*

Nous allons parler de l'*Un*, et l'Un est ineffable (6); nous allons exposer un système sur l'*Un*, et l'Un ne peut être pour ses inférieurs ni la matière d'une science, ni même l'objet d'une simple opinion (7). Ce n'est point la sensation, le raisonnement, ou même l'intuition intellectuelle qui nous amènent à l'Un; de toutes ces manières de connaître et de leurs objets nous pourrions rendre compte. Il faut, au contraire, que, toutes les opérations de l'âme étant suspendues, l'*Un* qui est en elle s'excite et s'exalte, pour que nous entrions en communication avec l'Un suprême et caché (8). Or, comment exprimer un tel état de l'âme, et ce qu'il nous révèle? Comment dire ce que nous savons de l'Un? Comment oser dire que nous en savons quelque chose (9)?

Le nom même que nous donnons à l'Un, le seul qu'il convienne aux hommes de lui donner, comme nous le montrerons tout-à-l'heure, ce nom est indigne de lui; car aucun nom ne saurait lui convenir (10). Platon et Parménide l'ont formellement déclaré (11). Il ne nous reste donc qu'à demander grâce pour la langue, qui emploiera, pour désigner la nature ou les émanations de l'Un, les termes dont elle se sert en parlant des êtres inférieurs (12).

Ainsi, toutes les fois que nous affirmerons quelque chose de l'Un, nous parlerons par analogie; Platon l'a fait lui-même (13). Mais le plus

(1) Comm. Parm. T. V, p. 22. Voyez le pass. d'Orph. Hermann Orphica, p. 456. — Et le Comm. Parm. passim.
(2) Comm. Parm. T. VI, p. 230. — Comm. Tim., p. 289. — Comm. Parm., VI, p. 118. — Comm. Tim., p. 40.
(3) Plat. in Parm. — In Sophist.
(4) Plotin. Ennead.
(5) Théol. s. Platon. Liv. II, ch. 4. — Origène refusait d'admettre l'Un, et disait que l'Intelligence était le Premier. ibidem.

(6) Théol. s. Platon, Liv. II, ch. 6, *et locis innumeris.*
(7) Comm. Parm. T. VI, p. 80. — Comm. Rép., p. 428.
(8) Théol. s P. Liv. I, c. 5.—Comm. Rép., p.428
(9) Comm. Tim., p. 92.
(10) Théol. s. P. Liv. II, ch. 6.
(11) Théol. s. P. Liv. I. ch. 30.
(12) Théol. s. P. Liv. II, ch. 6-10. — Comm. Parmen. T. VI, p. 189, p. 200. — Comm. Tim., p. 106.
(13) Théol. s. P. Liv. II, c. 5.

souvent , à l'exemple aussi de Platon et de Parménide , nous tâcherons de faire sentir ce qu'est l'Un, en disant ce qu'il n'est pas (1). Il semble, au premier coup d'œil, que , l'affirmation étant une manière de parler plus expressive que la négation , il est peu conforme à la nature des choses de faire servir la forme de langage la moins relevée à l'expression de ce qu'il y a de plus haut, de plus saint et de plus vénérable. Mais qu'on y prenne garde. Pour tous les êtres finis, l'affirmation sans doute est le mode qui peint le mieux l'existence ; mais pour les êtres que la pensée ne peut saisir, définir et comprendre , ce qu'on peut faire de plus convenable , c'est d'en écarter, par la négation, toute idée de limite, de coërcition et d'impuissance (2). Au fond, de pareilles négations ne sont pas privatives; elles sont les véritables affirmations , sous la seule forme possible , des qualités contraires à ce qu'elles nient (3). Au contraire, ce serait rabaisser l'Un, et lui porter atteinte, que de lui attribuer par affirmation telle ou telle faculté, dont nous avons la notion certaine et complète : lui ajouter, c'est lui retrancher (4). C'est donc un peu à cause de la faiblesse de notre nature, mais surtout à cause de la nature de l'Un, que nous prenons, en parlant de lui , la forme négative (5).

Il est superflu d'insister longuement sur les modes inférieurs de l'existence, pour montrer que l'Un n'est rien de semblable. L'Un n'est point un corps (6). Comment ranger le Premier parmi les corps, qui ne sauraient, nous le voyons , se produire et se conserver eux-mêmes, et dont la génération, comme la durée, est toujours le produit d'une force incorporelle (7); qui sont étendus et divisibles (8); qui ne peuvent se soustraire à l'action du mal (9); qui naissent et qui meurent (10); en un mot, qui ne sont réellement pas (11)? Non , le Premier n'est point un corps ; nous n'acceptons pas cette erreur des stoïciens (12).

Nous n'accepterons pas davantage celle d'Anaxagore, qui en faisait une âme incorporelle (13). Sans vouloir ici, et prématurément, approfondir la nature de l'âme , ce que nous en savons par les croyances générales suffira pour nous empêcher de confondre l'Un avec elle. L'âme est immortelle (14), sans doute, mais elle est engendrée (15); on peut admirer dans quelle merveilleuse unité l'âme est à la fois *être, vie, intelligence* (16); mais elle n'est ni l'*unité en soi*, ni l'*être*, ni la *vie*, ni l'*intelli-*

(1) Ibidem. — Id., c. 10. — Comm. Parm. T. VI, p. 45. — Comm. Rép., p. 430.
(2) Comm. Parm., ibidem. — Et p. 59.
(3) Théol. s. P. L. II, c. 10.
(4) Comm. Parm. T. VI, p. 251. — Th. s. P. Liv. III, c. 20. — Elém. Th. prop. VIII.
(5) Comm. Parm. T. VI, p. 55.
(6) Comm. Parm. T. VI, p. 217.
(7) Comm. Tim. p. 90.

(8) Comm. Parm. T. V, p. 9.
(9) Comm. Rép. p. 559.
(10) Comm. Tim., p. 77.
(11) Ibidem.
(12) Comm. Parm. T. VI, p. 217.
(13) Ibidem.
(14) Στοιχ. θεολ. prop. 187.
(15) Id. prop. 192.
(16) Id. prop. 197.

gence (1); enfin, toute action de l'âme est mesurée par le temps (2). Or, il est trop clair que le Premier est supérieur à toute génération (3); qu'on ne saurait découvrir en lui d'éléments divers, quelque intimement unis qu'on les suppose (4); et qu'il ne peut être question du temps, là où l'expression même d'éternité n'est pas suffisante (5).

Croirons-nous, avec Aristote, que le Premier, c'est l'Intelligence immobile (6)? L'Intelligence, très vénérable et très divine (7), suffit-elle à l'idée qu'on doit se faire du Premier (8)? Il est d'une haute importance de faire voir clairement que l'Un ineffable est distinct des êtres intelligibles; c'est avec eux, en effet, et non avec le corps ou l'âme, qu'il risque surtout d'être confondu (9). Avec l'Intelligence, nous sortons du temps; de toute intelligence, l'essence, la puissance et l'action coexistent au sein de l'éternité (10); tout ce qui peut participer à elle l'aime et la désire, et l'intelligence, à son tour, revêt de beauté les êtres à qui elle se communique (11); elle n'a point besoin, comme la science qui est le propre de l'âme, de procédés plus ou moins indirects pour atteindre la vérité : c'est par une intuition immédiate qu'elle connaît et comprend (12); c'est elle enfin qui contemple l'Un (13); mais elle n'est pas cet Un qu'elle contemple (14). L'Intelligence n'est qu'éternelle; l'Un est supérieur à l'éternité (15); l'intelligence est une, existe en soi (16), mais elle n'est pas seulement unité. Deux points de vue sont manifestes en elle : un sujet qui conçoit, un objet conçu (17); un sujet éternellement en repos, car l'intelligence est toujours identique à elle-même; un objet éternellement mobile, car les conceptions de l'intelligence sont infiniment variées (18); l'intelligence est donc *un* et *plusieurs* (19). Le propre de l'intelligence est de concevoir et de juger les êtres; ceci n'implique pas qu'elle les dirige et les conserve, ce qui est le propre du Premier (20); et l'on ne saurait même aller jusqu'à dire que l'Intelligence est l'image du Premier; ce serait rabaisser l'Un jusqu'au rang d'une *idée*, ou type de la forme pour ses inférieurs, ce qui est absolument impossible (21).

Que si l'Intelligence elle-même n'est pas le Premier, il est inutile de réfuter ceux qui le placent au sein des *idées*, filles de l'intelligence (22).

(1) L'âme occupe un rang intermédiaire entre les corps et les genres supérieurs. Comm. Alc. T. III, p. 79, 80.

(2) Στοιχ. Θεολ. prop. 200.

(3) La génération est plus près de l'extrémité inférieure que de l'autre. Comm. Alc. T. III, p. 118.

(4) Comm. Parm. T. VI, p. 49.

(5) Id. T. VI, p. 241.

(6) Id. T. VI, p. 217.

(7) Στοιχ. Θεολ. prop. CXXIX.

(8) Στοιχ. Θεολ. prop. XXII.

(9) Comm. Parm. T. VI, p. 65.

(10) Στοιχ. Θεολ. prop. CLXIX. — Comm. Alc. T. II, p. 265.

(11) Comm. Alcib. T. III, p. 201. C'est une citation d'Aristote, de Anima, III, 10.

(12) Comm. Tim., p. 73.

(13) Comm. Parm. T. IV, p. 115.

(14) Comm. Parm. T. VI, p. 217.

(15) Id., p. 241.

(16) Id., p. 119.

(17) Comm. Tim., p. 80, p. 102.

(18) Comm. Parm. T. VI. p. 142-216.

(19) Id. T. IV, p. 198.

(20) Id. T. VI, p. 15.

(21) Comm. Tim., p. 248. — Et sur tout ceci, v. Théol. s. P. L. II, c. 3 et 4. — Elém. de Théol. prop. XX.

(22) Comm. Parm. T. V, p. 17, p. 189-190. — T. VI, p. 212.

Nous sommes loin de penser que les *idées*, quoique parfaitement distinctes les unes des autres, existent séparément ; nous savons au contraire que toutes sont dans toutes, et constituent une seule unité, non pas logique, mais réelle (1). Mais cette unité est évidemment inférieure à l'intelligence, et, à plus forte raison, n'est pas le Premier (2).

Au-dessus de l'Intelligence nous apparaît la Vie (3) ; mais nous ne pouvons dans la Vie reconnaître l'Un. D'abord, la Vie, c'est le mouvement (4) ; le mouvement est changement (5) ; tout ceci répugne à ce que nous pressentons de l'Un suprême (6) ; ensuite, la Vie dans sa plus haute expression, c'est l'Éternité (7). L'Éternité est une vie immortelle, qui se manifeste tout entière à la fois (8). Or, même ainsi conçue, la Vie est une émanation de l'Être, et le présuppose (9) ; il y a donc quelque chose d'antérieur à l'Éternité (10) ; la Vie n'est pas le Premier (11).

Élevons-nous donc plus haut. Il faut juger du rang que les causes ont entre elles, par l'étendue de leur action et le nombre de leurs effets (12) ; et voilà pourquoi, tout-à-l'heure, nous mettions la Vie au-dessus de l'Intelligence, puisque l'Intelligence ne peut se rencontrer que là où se trouve la Vie, tandis que la Vie se remarque là où n'est pas l'Intelligence (13) ; par la même raison, au-dessus de l'Intelligence et de la Vie, nous devons placer l'*Être* (14). Ne sommes-nous point arrivés au terme de nos recherches ? L'*Être* n'est-il pas le Premier ?

Gardons-nous de le croire. Il est bien vrai que l'Être existe en lui-même et par lui-même (αὐθυπόστατης;) (15) ; que sa notion le place au premier rang parmi les Intelligibles (16), tandis que ses émanations ne s'arrêtent qu'aux dernières limites de la nature corporelle (17) ; qu'il dure et se maintient ce qu'il est, par sa propre vertu (18) ; qu'il y a entre lui et la génération, le même abîme qu'entre le Temps et l'Éternité (19) ; qu'il joue vis-à-vis de ses inférieurs le rôle d'une véritable cause, et non d'un simple paradigme (20) ; qu'enfin il participe, et le

(1) Στοιχ. Θεολ. Prop. CLXXVL. — Comm. Parm. T. IV, p. 133, p. 173-4. T. V, p. 40, p. 154. — T. IV, p. 151, sqq. T. V, p. 150, sqq. p. 142-6, p. 244.

(2) Comm. Parm. T. VI, p. 242.

(3) Στοιχ. Θεολ. prop. CI, *et locis innumeris*.

(4) Théol. s. P. Liv. V, c. 58. — Comm. Parm. T. IV, p. 209, T. VI, p. 145.

(5) Comm. Parm. T. V, p. 294.

(6) Sur Dieu immuable, v. Théol. s. P. Liv. I, c. 16, 19, 20.

(7) Théol. s. P. Liv. III, c. 46.

(8) Ibid. c. 18. C'est une citation de Plotin.

(9) Ibid., c. 46.

(10) Théol. s. P. Liv. I, c. 11.

(11) Id. Liv. II, c. 3. — Comm. Parm. T. VI, p. 241.

(12) Elém. de Théol. prop. LX.

(13) Elém. de Théol. prop. CI.

(14) Elém. de Théol. prop. CI. — Théol. s. Plat. III, c. 9. — Comm. Parm T. IV, p. 95. — *Et locis innumeris*. — L'ordre dans lequel nous rangeons le Corps, l'Ame, l'Intelligence, la Vie, l'Être, est exposé tout au long Théol. s. Plat Liv. III, c. 6.

(15) Comm. Tim. p. 74.

(16) Théol. s. Plat. Liv. III, c. 7. — Id. c. 17.

(17) Théol. s. Plat. Liv. III, c. 21.

(18) Comm. Tim. p. 77.

(19) Elém. de Théol., p. XLIX, et id. prop. L.

(20) Théol. s. Plat. Liv. III, c. 14.

premier, à la nature divine (1) : mais il n'est point Dieu lui même (2).
— Est-ce en lui que nous rencontrons cette unité, cette simplicité ineffables, qui commandent l'adoration et le silence, et nous avertissent que nous sommes en présence de Dieu (3)? Loin de là : il est un et plusieurs (4). L'essence est en lui distincte de la puissance (5) : vérité admise par tous les philosophes, et que Plotin reconnaît, lorsque, empruntant les expressions de ses devanciers, il admet dans l'Être la dualité de la forme et de la matière (6). Et ce n'est pas tout : non seulement son essence ne se confond point avec sa puissance, mais cette puissance même est distincte de son acte : et la Triade *Essence, Puissance, Acte*, est manifeste dans l'Être (7). D'où il suit encore qu'on peut l'envisager sous cinq points de vue (σχήματα) différents : considéré abstractivement et en lui-même, il est Essence ; sous le rapport de sa puissance et de son acte, il est *même* et *autre, mouvement* et *repos* (8). Assurément, s'il nous répugne de concevoir le Premier comme une puissance d'action (9) ; si, quand nous pensons à lui, toute idée de partage et de morcellement nous effraie (10), nous ne saurions nous arrêter à l'Être. L'Être ne peut rien sans l'Un (11), et lui est décidément inférieur (12).

Ce que l'Être en soi, c'est-à-dire l'Être dans sa notion la plus élevée en même temps que la plus pure, ne nous a pas donné, l'irons-nous chercher dans l'universalité des Êtres (13)? L'Un suprême ne serait-il qu'une sorte de résultante générale des forces particulières ? Outre qu'une telle idée répugne à toute la doctrine de notre maître Platon (14), cette confusion, ce pêle-mêle d'où sortirait l'Unité, nous paraît essentiellement contraire à la nature des choses (15) : le Premier que nous cherchons n'est pas l'Un résultant de plusieurs, mais l'Un préexistant à toute multiplicité : οὐχ ἓν τῶν πολλῶν ὄν, ἀλλ' ἓν πρὸ πολλῶν (16).

Mais l'universalité des Êtres n'en est pas seulement la collection complète, et quand nous la nommons le Tout (τὸ πᾶν), nous entendons qu'elle forme *un tout* (ὅλον), dans le sens particulier du mot (17); ce Tout, quelle qu'en soit la nature, et quelques rapports qu'il soutienne avec le Premier, n'est constitué, conservé, régi, que par l'influence divine (18);

---

(1) Elém. Théol. prop. CXXXVIII.
(2) Théol. s. Plat. Liv. II, c. 5.
(3) Traité de la Prov., de la Fatal., c. XXIV.
(4) Comm. Parm. T. IV, p. 6, 7, 112, 113.
(5) Théol. s. P. Liv. III, c. 9.
(6) Id. Ibid.
(7) Comm. Tim., p. 181.
(8) Comm. Tim. p. 180.
(9) Traité sur le Mal, c. II. — Théol. s. P. Liv. II, c. 7. — Comm. Parm. T. VI, p. 159.
(10) Comm. Parm. T. VI, p. 41.
(11) Traité de l'Exist.du mal, c. I.
(12) Id. Ibid. c. I, II, III. — Comm. Tim. p. 45, 69, 71, 78, 189. — Comm. Parm. T. V,

p. 525. — Comm. Rép., p. 426, 428. — Elém. de Théol. prop. CXIX. — Théol. s. P. Liv. I, c. 27, c. 11. Liv. II, c. 2. — *Et locis innumeris*.
(13) Dix Doutes, etc. I. — Th. s. P. Liv. III, c. 20.
(14) Théol. s. P. Liv. I, c. 10.
(15) Id. Ibid.
(16) Comm. Tim., p. 52.
(17) Comm. Parm. T. IV, p. 114. T. VI, p. 57. — Comm. Alcib. T. III, p. 66. — Th. s. P. Liv. III, c. 20.
(18) Id., p. 113, 224. Elém. de Théol. prop. CXXX, CLVIII. — Comm. Alcib. T. II, p. 145, etc. etc. — Traité de la Provid., etc.

une émanation de Dieu lui parvient, il s'unit à elle, et c'est ainsi qu'il possède l'unité, la bonté, la beauté, l'éternité (1). Ce premier abaissement de l'Un, qui se communique à l'Être, et persiste dans cette alliance, peut se désigner sous le nom de l'Un-Être (τὸ ἓν ὄν) (2), et un grand nombre de philosophes n'ont rien voulu voir au-delà. Parménide lui-même n'entendait pas autrement cet Un, qu'il opposait comme principe des choses aux partisans de la multiplicité primordiale et du changement perpétuel (3) ; et c'est Platon qui, épurant cette doctrine et l'élevant à son expression dernière, est parvenu jusqu'à la conception de l'Un absolument distinct des Êtres, dans le dialogue qu'il a intitulé *Parménide* (4).

L'Un-Être n'est pas Dieu, il est le divin (5) ; il n'est pas le Premier, il est le développement du Premier (6) ; il n'est pas l'Un, il est la transition des Unités à l'Être (7). Mais Dieu, ou le Premier, ou l'Un, ou le Bien, par quelque nom qu'on veuille le désigner, Dieu est profondément distinct de toute essence (8) ; l'Un-Être lui-même, en tant que divin, possède une puissance propre, qui reflète celle de l'Unité, et qui doit être considéré sous ce point de vue comme supra-essentielle (9).

Il fallait nier de l'Un tout ce qu'on peut affirmer des Êtres (10) ; nous avons osé le faire. Il ne reste plus pour consommer la séparation entre Dieu et la nature intelligible ou sensible, qu'à enlever à celle-ci tout ce qui semblerait la mettre en contact, en communication avec l'Un (11). Or, nous sommes forcés de reconnaître que le rapport de l'Univers avec le Premier qui est son commencement et sa fin (12), est aussi incompréhensible pour nous que le Premier lui-même (13) ; que la pureté inaltérable de Dieu ne peut admettre en lui rien qui vienne du monde (14) ; que Dieu persiste en lui même (15) ; qu'il est incommunicable, et, qu'on nous permette le mot, *imparticipable* (16) a.

Ce serait donc une étrange erreur que d'imaginer en Dieu rien d'analogue à ce que nous pouvons savoir de la constitution ou des qualités des

---

(1) Comm Tim., p. 46, 85, 91, 101, 111, 113. etc., etc.
(2) Théol. s. P. Liv. I, c. 27.
(3) Comm. Parm. T. IV, p. 17, 27.
(4) Comm. Parm T. IV, p. 50, 51.
(5) Théol. s. P. Liv. I, c. 27.
(6) Comm. Parm. T. IV, p. 51.
(7) Théol. s. P. Liv. III, c. 2.
(8) Théol. s. P. Liv. II, c. 2. — Voyez en outre les passages cités p. 20, note 7, etc., etc. — Comm. Tim., p. 120.
(9) Elém. de Théol. prop. CXVIII.
(10) Comm. Parm. T. VI, p 58.
(11) Comm. Parm. T. VI, p. 119.
(12) Théol. s. P. Liv. 2, c. 6. — Comm. Parm.

T. VI, p. 92. C'est une citation de Platon, des Lois.
(13) Théol. s. P. Liv. II, c. 6.
(14) Théol. s. P. Liv. I, c. 15.—Comm. Parm. T. VI, p. 173. — Comm. Alcib. T. II, p. 355-6.
(15) Théol. s. P. Liv. I, c. 28.
(16) Théol. s. P. Liv. III, c. 1. — Elém. de Théol. prop. CXXIII. — Comm. Tim., p. 110, etc., etc., etc.
a. J'aime mieux hasarder les mots : *imparticipable, participable, participé, participant,* que d'avoir sans cesse recours à de gênantes périphrases pour rendre ἀμέθεκτος, μεθεκτός, μετεχόμενος, μετέχων.

Êtres : de tous les rapports sous lesquels nous les envisageons, il n'en est aucun qui s'applique à Dieu. Lorsqu'en présence d'un objet, nous concevons l'idée de grandeur, il nous vient aussitôt à l'esprit que la grandeur peut diminuer ou s'étendre, se diviser en parties plus ou moins nombreuses, etc.; qui oserait dire de Dieu qu'il se développe, qu'il peut se distinguer en éléments divers? Qui oserait y voir une opposition, un nombre, une simple dyade (1)? Au point de vue de la durée, tous les êtres, et ceux qui jouissent de la vie, et ceux qui ont seulement la propriété d'être mus, ne connaissent que deux mesures, le Temps et l'Eternité (2); ni l'Eternité ni le Temps ne mesurent la durée de l'Un (3). Le Temps est divisible à l'infini (4); et, quand nous ne distinguerions en lui que les trois grandes époques dans lesquelles la pensée le décompose inévitablement, il en est deux, le Passé et le Futur, qui n'ont rien de commun avec le Premier, puisque, selon Timée, on ne peut les reconnaître que dans la durée des phénomènes, et non dans celle des Êtres réellement dignes de ce nom (5). Ceux-ci, pour mesure de leur existence, ont l'Éternité (6); mais l'Éternité n'est qu'une forme de la Vie (7); la Vie n'est qu'une émanation de l'Être (8); et il faut monter plus haut encore, nous l'avons déjà vu, pour arriver à l'Un (9). Ecartons aussi, et pour les mêmes raisons, toute idée de repos ou de mouvement (10); ce qui est immobile, est éternel (11); ce qui est en mouvement, a le temps pour mesure (12); mais telle est l'ineffable immutabilité du Premier, qu'il ne faut pas même dire de lui qu'il est le plus inébranlable des Êtres en repos; telle est son activité, qu'il ne faut pas le nommer le plus infatigable des Êtres en mouvement (13). L'Un n'est point, vis-à-vis de ses inférieurs, un genre ou une idée (14); il n'est pas le même qu'eux, et il n'est pas autre (15). Enfin, puisqu'il n'est point une essence bornée, une existence individuelle (16), on ne peut le présenter comme étant de telle ou telle manière (17), ayant telles ou telles formes (18); il faut s'abstenir de lui attribuer même les facultés des êtres supérieurs, la connaissance, par exemple, et les autres puissances de l'âme (19); il ne faut pas dire qu'il se conçoit lui-même, puisque la conception est l'acte propre de l'intelligence, et qu'il

(1) Comm. Parm T. VI, p. 49, 171, 214.
(2) El. m. Théol. prop. LIV.
(3) Comm. Parm. T. VI, p. 241. — De la Provid., c. XXIV.
(4) Elém. de Physique. Liv. I. prop. XI.
(5) Comm. Parm. T. VI, p. 219, 240. Elém. Théol. prop. LI.
(6) Elém. Théol. prop. XLIX.
(7) Théol. S. Plat. Liv. III, c. 16.
(8) Ibid. et c. 9.
(9) Voyez p. 18.
(10) Comm. Parm. T. VI, p. 217.
(11) Car il n'y a de vraiment immobile que le

divin. Théol. s. Plat. Liv. I. c. 19; et l'éternité est l'immortalité du divin. Ibid. c. 27.
(12) Elém. de Physiq. Liv. I, prop. XVII.
(13) Comm. Parm. T. VI, p. 163.
(14) Comm. Parm. T. IV, 197.
(15) Comm. Républ., p. 430. — Comm. Parm. T. VI, p. 171, 180, 184-5-6.
(16) Ὑπόστασις οὐσιώδης. Comm. Tim. p. 110
(17) Ἕξις Ibid.
(18) Σχέσις. Comm. Parm. T. VI, p. 49.
(19) Comm. Alcib. T. III, p. 68.—Comm. Républ., p. 427, 429.

est supérieur aux intelligibles (1) ; force, volonté, liberté, sont des expressions insuffisantes et inexactes (2) pour peindre ce qu'il ne faut pas appeler son action (3) ; et, quoique nous sachions d'avance que sans lui rien n'existerait, ne lui donnons pas le nom de Père, qui implique dans le producteur la division de la force et de l'intelligence (4).

On le voit : Dieu n'est souillé par aucun rapport, aucun contact, aucune association avec le monde (5) ; en sorte qu'on peut aller jusqu'à dire qu'il n'est nulle part, et d'aucune manière (οὐδαμοῦ) (6). Mais si, pour mieux distinguer son existence mystérieuse de l'existence des êtres, nous affirmons de lui qu'il n'est pas (μὴ ὂν), il importe de remarquer que nous ne le réduisons pas au néant (οὐδὲν) (7) ; nous ne sacrifions pas la réalité divine pour n'en conserver que le nom, et rendre à une parole creuse, à un symbole vain, les hommages qui sont dus au producteur et au conservateur de l'univers (8). Disons donc, pour désigner l'auteur de toutes choses, et sans avoir la prétention audacieuse de le nommer, qu'il est l'Un et ne peut être que l'Un, source de la divinité, Dieu en soi (9), SEUL ET VRAI DIEU (10). Disons encore avec Platon qu'il est le Premier, ou le Bien suprême, principe et fin de tous les êtres (11). Il est clair, en effet, que relativement aux ordres inférieurs, l'Un, le Bien, sont une seule et même puissance (12) : « Le Bien est » conservateur des êtres, et tous aspirent à lui ; mais l'Un les conserve » également : car sans essence, point d'êtres, et sans unité, point d'es- » sence. Ainsi, quand nous disons qu'un être participe au Bien, nous » concevons en même temps qu'il participe à l'unité ; car le bien pour- » rait-il être là où l'Unité ne serait pas ? D'un autre côté, si l'Un, par sa » présence, fait de diverses parties un tout et un même être, il donne » ainsi à cet être la première et la plus indispensable de ses perfections ; » il est pour lui le premier des Biens. La *Bonté* est donc *Unification ;* » l'*Unification* est *Bonté ;* l'Un n'est autre que le Bien (13). » Et l'Un, ou le Bien, n'est autre que Dieu (14).

Voilà donc plusieurs noms pour désigner l'Un qui ne doit pas être nommé (15). Mais on explique sans peine cette contradiction apparente : s'il s'agissait de parler du Premier en vue de lui-même, comme il est absolument incompréhensible et ineffable, il faudrait s'abstenir ; mais

(1) Comm. Parm. T. VI, p. 87.
(2) Comm. Tim., p. 110, — et Comm. Alcib. T. III. p. 66.
(3) Trait. du Mal., c. II. Comm. Parm. T. VI, p. 161.
(4) Comm. Parm. T. VI, p. 41.
(5) Comm. Parm. T. VI, p. 119.
(6) Ibid., et p. 26.
(7) Comm. Parm. T. VI, p. 54.
(8) Ibid., p. 59.
(9) Comm. Parm. T. VI, p. 66 et 86.

(10) Comm. Tim., p. 302.
(11) L'*Un*, du Sophiste; le *Premier*, des Lettres; le *Bien* du Philèbe, du Phédon, et de la République — Comm. Tim., p. 110.
(12) Comm. Parm., T. VI, p. 70, 71.
(13) Elém. de Théol., prop. XIII. — et prop. XX.
(14) Elém. de Théol. prop. CXXXIII — Voyez encore Théol. s. Plat. Liv. II, c. 4, 5. 6. — Com. Tim., p. 110, et en mille endroits. — Dix Doutes sur la Provid., c. 3.
(15) Théol. s. P. Liv. II, c. 6.

il s'agit de satisfaire cet impérieux besoin, ce penchant irrésistible°de l'âme, qui veut savoir quelque chose de Dieu (1) ; il s'agit de donner une base à nos théories des êtres (2) ; et dès lors il faut au moins poser le principe avant d'aborder les conséquences, indiquer le Créateur avant d'étudier son ouvrage (3). Sous ce point de vue, deux noms au moins étaient nécessaires pour désigner le Premier dans ses rapports avec ses inférieurs : tout ce qui existe découle de lui (πρόοδος) (4) ; celui de qui tout descend, sera l'*Un*. Cette appellation est d'autant meilleure, qu'il importe, en parlant des créations, d'en maintenir le Créateur essentiellement distinct (5) ; en s'occupant de la multiplicité, de placer devant elle l'unité qui en est la source (6). Tout ce qui est sorti du Premier aspire à s'y rattacher, fait retour vers lui, parcourt en remontant les degrés qu'il a franchis pour descendre, et cherche comme sa fin le Dieu qui est son principe (ἐπιστροφή) (7) : celui que tout être désire sera le *Bien*. Quel nom plus heureux les langues humaines lui pourraient-elles donner (8)? Ainsi, selon que nous considérons en Dieu le point de départ, ou le dernier terme de la chaîne universelle, il est pour nous l'Un ou le Bien, mais toujours le Dieu ineffable (9).

Néanmoins, comme principe et fin de tout ce qui existe, Dieu, sous cet aspect déterminé, peut devenir l'objet de notre étude. Nous n'ignorons pas qu'il est impossible aux êtres inférieurs d'atteindre à la connaissance de ceux qui les précèdent (10); nous savons, en outre, que l'Un se dérobe d'autant plus complètement à nos recherches, qu'il est plus élevé au-dessus des autres causes (11). Mais, si toute investigation directe nous est ici interdite, ne pouvons-nous, par la considération des produits, arriver à quelque notion sur l'auteur (12)? Tout effet n'existe que par une cause, et subsiste en elle (13); toute cause ne produit que certains effets conformes à sa nature (14); toute série possède les qualités propres à l'unité qui la fonde ; et toute unité ressemble et se rattache à la série antérieure (15); il faut donc admettre que la connaissance des émanations nous apprend quelque chose sur l'Être dont elles découlent (16); il faut admettre qu'au travers des êtres créés, nous pourrons

(1) Comm. Parm. T. VI, p. 189.
(2) Théol. s. P. Liv. II, c. 6.
(3) Comm. Alcib. T. II, p. 185.
(4) Comm Parm. T. IV, p. 86, — et Elém. Th. prop. XXV, XXVI, Cf. — Th. s. P. Liv. II, c. 5, 6.
(5) Comm. Parm. T. V, p. 16. — Elém. Th. prop. LXXV. — Th. s. P. Liv. II, c. 5, 6.
(6) Ibid., et Comm. Parm. T. IV. p. 141-2.
(7) Elém. de Théol. prop. XXXI et XXXVIII. — Comm. Alcib. T. III, p. 216. — Comm. Parm. T. IV. p. 59. — Comm. Tim., p. 63-4.
(8) Th. s P. Liv. II, c. 6.
(9) Ibid.
(10) Comm. Alcib. T. II, p. 225.
(11) Elém. de Th. prop. CXXIII.
(12) Elém. Théol. prop. CLXII.
(13) Th. s. P. Liv. V, c. 51, Liv. VI. c. 4. — Elém. de Théol. prop. XXXV. — Comm. Tim., p. 79.
(14) Comm. Parm. T. VI, p. 225. — Elém. de Th. prop. XCVII, CXXXV. — Th. s. P. Liv. III, c. 13.
(15) Elém. de Th. prop. CVIII, CIX, CX, CXII, CXIII. — Comm. Parm. T. VI, p. 10, 19.
(16) Comm. Tim. p 289. — Comm. Alcib. T. II, p. 195. — Comm. Parm. T. VI, p. 16.

démêler quelques unes des puissances de la divinité créatrice (1).

Essayons donc de décrire, non Dieu tel qu'il est (le mystère est impénétrable pour nous), mais Dieu tel qu'il se manifeste.

III. *Dieu créateur, ou les Unités divines.*

S'il est nécessaire d'avouer que Dieu n'a aucune ressemblance, prochaine ou éloignée, avec les Êtres qui nous sont connus; si la nature, et même l'action divine, se dérobent à nos regards sous un voile que l'homme ne soulèvera jamais (2) : il est également nécessaire de reconnaître que l'Un n'est point infertile (3) ; que si l'existence de l'univers est incompréhensible sans l'Un, l'Unité première à son tour suppose une multiplicité, qu'elle produit, ordonne et conserve (4); et que nous devons, par conséquent, après le Dieu solitaire et caché, pur de tout rapport avec le monde, concevoir le Dieu créateur et conservateur de toutes choses (5); après le Bien en soi, le Bien s'épanchant sur les Êtres, ou la Providence (6).

C'est une loi universelle, et qui préside aux développements de toutes les séries, sans excepter celle de l'Un, que le principe de tout ordre produise d'abord le terme le plus semblable à lui, et, en dernier lieu, le plus dissemblable, en sorte que le degré de ressemblance d'un être avec le Premier du même genre, détermine le degré de son élévation dans la hiérarchie (7). Or, qu'y a-t-il de plus semblable à l'Un, que les Unités; à Dieu, que les Dieux (8)? C'est donc immédiatement après Dieu, un et parfait, que doivent se placer les Unités, parfaites et divines (9).

Tâchons d'établir d'une manière précise en quoi les Unités restent semblables à l'Un, en quoi elles en diffèrent. Et avant tout, que cette expression *les* Unités, ne nous fasse pas croire à notre insu que de l'Un suprême, et sans transition, l'on arrive à la multitude. Il ne saurait être question de la multiplicité : nous n'en sommes pas à l'être (10). Les Unités ne font qu'un (11); tous les Dieux sont dans tous (12). Comme l'Un dont elles procèdent, elles sont supérieures à l'essence (13), et, par conséquent,

---

(1) Quelques unes des *puissances*, mais rien sur l'essence. Comm. Alcib. T. II, p. 217-8. — Elém. de Th. prop. CXXIII. — Comm. Parm. T. VI, p 5; T. V, p. 505.

(2) Voyez tout le § précédent.

(3) Elém. Théol. prop. XXI.

(4) Voyez § 1. de cette section, et tous les passages cités.

(5) Comm. Parm. T. IV, p 124, 195; T. V, p 509 T. VI, p. 6; — Comm. Tim. p. 27. — Théol. s. P. liv II, c. 3.

(6) Comm. Tim. p. 41.

(7) Th. s. P. liv. III, c. 1. et liv. VI, c. 4. Elém. de Théol. prop. XXVIII. — Comm. Parm. Tom. IV, p. 162. — Comm. Tim. p. 8.

(8) Théol. s. P. liv. III. c. 1.

(9) Ibid. c 2. — Comm. Tim. p. 69, etc., etc. — Ainsi, tout Dieu, en tant que Dieu, est Unité; car rien n'est déifié que par l'Un. Comm. Parm T. VI, p. 86. — Elém. de Théol. prop. CXIV.

(10) Théol. s. P. liv. III, c. 4.

(11) Comm. Parm. T. VI, p. 14.

(12) Comm. Tim. p. 6, 12, 16.—Comm. Alcib. T. III, p. 84.

(13) Elém. Théol. prop. CXV, CXIX.—TH s. P. liv. I, c. 27. — Comm. Parm. T. VI, p. 16. — Comm. Tim. p. 40, 69. — Du Mal c. 2 — C'est ici le lieu de distinguer Ἑνάδες les Unités, qui ne désigne que les Dieux, et μονάδες.

à l'Éternité (1). Comme l'Un, elles sont ineffables (2). L'Un n'est autre que le Bien (3) : l'Unité n'est autre que la Bonté (4). Tout émane de Dieu (5) : des Unités dérivent toutes les essences (6. Voilà les traits qu'elles conservent de l'Un; voici maintenant par où elles s'en distinguent.

L'Un est absolument imparticipable : les Unités peuvent, que dis-je! doivent nécessairement se communiquer (7) : chacune d'elles devient le principe d'une série différente (8). Pour exprimer la persistance mystérieuse de l'Un, nous n'osions pas même dire qu'il existait en lui-même (9) : non seulement les Unités existent dans l'Un, mais encore, comme tout produit immédiat (10), en même temps qu'elles demeurent dans leur cause, elles s'en séparent pour se manifester au dehors (11). Les unités sont assez élevées au-dessus des Êtres, pour que d'elles aussi l'on dise qu'elles ne *sont* pas : mais il faut ajouter qu'elles sont partout (12). Pures de tout mélange avec l'univers, sans cesse elles exercent sur lui leur action providentielle (13). Toutes sont dans toutes : mais il y a union, et non mélange (14) ; chacune d'elles n'en conserve pas moins sa propriété particulière ; chacune reste soi-même en s'unissant aux autres (15). Elles sont ineffables (16) : et moins pourtant que l'Un suprême (17). Première émanation de Dieu, elles échappent complètement, sous ce point de vue, à notre connaissance; mais, commencement du développement universel, faisant pressentir les Êtres, et déjà inclinant vers eux, elles rentrent, à cet égard, dans ce qu'il nous est donné de concevoir (18).

En un mot, les unités ne sont pas l'Un, mais viennent de lui (19); de l'Un aux Unités, il y a développement et nombre, et non multitude (20); abaissement (21) et non génération (22) ; lorsque Platon, en parlant des Dieux, se sert de ce dernier terme, il emploie la langue, non de la philosophie, mais du mythe (23).

---

les monades, qui peut s'appliquer à tout premier terme, toute cause imparticipable, d'une série quelconque. L'être, la vie, l'intelligence sont les trois monades universelles, μονάδες ὁλικαὶ. (Th. s. P. liv. IV, c. 1.) et les Unités sont au-dessus de l'être, la vie, etc. Aussi Proclus dit-il que les vrais principes des choses sont les unités des monades. Comm. Parm T. VI. p. 13 et 14. — Andreas Wisius, dans son Index pour la Théol. s. P. et les Elém. de Th. confond les Unités et les monades. D'autres erreurs de ce genre ne permettent guères d'avoir recours à son travail.

(1) Du Mal, c. 2.
(2) Comm. Parm. T. IV, p. 111.
(3) Voyez plus haut, p. 24, 25.
(4) Elém. Théol. prop. CXIX, CXXI. — Comm. Alcib. T. III, p. 201. — Comm. Tim. p. 109. — Comm. Républ. p. 335-6.
(5) Théol. s. P. liv. II, c. 5.
(6) Idem. liv. I, c. 27.

(7) Elém. Théol. prop. CXVI. — Théol. s. P. Liv. II, c. 4.
(8) Comm. Parm. T. VI, p. 39. — Th. s. P. liv. III. c. 13
(9) Th. s. P. liv. II, c. 1. — Comm. Parm. T. VI, p. 154.
(10) El. de Théol. prop. XXX.
(11) Th. s. P. liv. III, c. 2.
(12) Th. s. P. liv. V, c. 39.
(13) ibid
(14) Comm. Parm. T. IV. p. 193.
(15) Comm. Tim. p. 9.—Comm. Parm. T. VI, p. 14, 15, 16. — Théol. s. P. liv. II, c. 19.
(16) Comm. Parm. T. IV, p. 111.
(17) Comm. Parm. T. VI, p. 58.
(18) Elém. de Théol. prop. CLXIII. — Comm. Parm. T. V, p. 509.
(19) Comm Parm. T. VI, p. 17.
(20) Th. s. P. liv. III, c. 2.
(21) Comm. Parm. T IV, p. 172.
(22) Th. s. P. liv. I, c. 29.
(23) ibid.

Expliquons maintenant les caractères divers, mais non opposés (1) que nous pouvons apercevoir dans ces unités qui n'en font qu'une (2). Puisque les Unités ne sont autre chose que l'Un, à son premier degré de développement et de communication avec les Êtres, nous avons dû admettre, comme nous l'avons fait tout à l'heure, qu'elles sont complètement distinctes de leurs produits, pures de tout mélange avec eux ; or, qui dit Unité distincte et pure, dit par cela même *simplicité :* où trouver, en effet, une simplicité plus parfaite, que dans ce qui, tout entier, ne fait qu'un (3) ? Il serait facile de montrer de la même manière, en partant toujours de l'Unité, que l'ordre divin est également immuable (4), identique à lui-même (5); qu'il est indissoluble (6), ou, si l'on veut, immortel (7), pourvu qu'on entende sous ce mot l'Éternité première, qui est la mère de l'immortalité (8). Est-il nécessaire d'ajouter que cette simplicité, toujours identique à elle-même, exclut nécessairement la *figure ?* Les dieux tout-puissants n'ont pas de *figure*, quoiqu'il ait pu leur plaire quelquefois de se manifester ainsi aux regards des hommes (9).

Mais, dans la langue que nous avons adoptée, lorsqu'il s'agit des rapports de Dieu avec les êtres, Dieu se nomme le Bien (10). La bonté est alors ce qui caractérise le mieux l'existence divine; elle devient, si je l'ose dire, l'essence même de la Divinité (11). La bonté a des aspects divers : cherchons à les saisir, et pénétrons plus avant dans le secret de la nature de Dieu.

Il est évidemment nécessaire de dire que le Bien se *suffit à soi-même* (αὐταρκης) (12); mais cette expression qui convient aussi à l'Univers, à l'Ame, à l'Intelligence, a besoin d'être précisée, lorsqu'on l'applique à Dieu. Si l'Univers se suffit à soi-même, c'est par le bienfait de sa *ressemblance* avec son créateur; si l'âme possède aussi ce privilége, c'est parce qu'elle reçoit un *rayon* d'en haut ; et, quant à l'Intelligence, ne savons-nous pas qu'elle *participe* de l'Un? Mais Dieu se suffit à soi-même, pleinement, sans restriction, et par sa propre vertu (13). En d'autres termes, il est souverainement *heureux;* et quand l'image de cette plénitude de biens se rencontre parmi les hommes, c'est ce que nous appelons le bonheur (14).

Si l'on nous demandait sous quels traits particuliers on doit envisager le Bien dans ses rapports avec ses inférieurs, nous répondrions, avec

(1) Comm. Parm. T. IV, p. 116.
(2) Comm. Parm. T. VI, p. 14.
(3) Elém. Théol. prop. CXXVII. — Th. s. P. liv. I. c. 20.
(4) Th. s. P. liv. I. c. 16, 18, 19, 20.
(5) Th. s. P. liv. I. c. 19.
(6) Th. s. P. liv. I. c. 28.
(7) Th. s P. liv. I. c. 27.
(8) *Ibid.*

(9) Comm. Rép. p. 339.
(10) Voy. plus haut, p. 26.
(11) Comm. Tim. p. 109, et tous les passages cités p. 27, note 4.
(12) Elém. Th. prop. X, CXXVII.
(13) Th. s. P. liv. I. c. 19.
(14) Comm. Alcib. T. II, p. 246, 7. — Cf. Aristote. Rhét. liv. I. c. 5.

Platon (1), que le Bien est absolument *parfait* (τέλειον), irrésistiblement *puissant* (ἱκανόν), universellement *désirable* (ἐφετόν) (2). Toute perfection véritable, et, à plus forte raison, la perfection divine, aspire à s'épancher au dehors en produits dignes d'elle (3) : c'est une force éminemment créatrice (4). Les êtres, de leur côté, font effort pour se rapprocher du Bien, principe de toutes choses ; et la puissance divine s'exerçant sur tous et sur chacun, les natures particulières se fixent, et l'Univers s'établit (5). Il est superflu de redire, que ces trois points de vue de la Bonté sont de pures abstractions (6) ; que toutes ces distinctions ont pour but de s'accommoder à notre faiblesse, qui n'étudie qu'en divisant (7) ; et que nous ne voulons point altérer l'auguste simplicité du Bien, cause unique de tout ce qui existe (8).

Mais ces trois éléments que nous distinguons dans le Bien, ne servent pas seulement à nous en donner une idée plus précise, ils nous amènent encore à comprendre comment le Bien est la Cause première. Il est, disons-nous, absolument parfait ; il a donc une vertu productrice, sans quoi l'on pourrait, en la lui supposant, ajouter à l'idée de sa prétendue perfection (9). Il est souverainement puissant : il produit donc, s'il le veut ; et comment supposer que la Bonté refuse de se répandre (10) ? Enfin, c'est lui que désirent tous les Êtres ; preuve évidente que c'est de lui qu'ils viennent, et que c'est à lui qu'ils retournent (11).

Toute chose est ce qu'elle est, et par l'aspiration qui l'entraîne vers le Bien, et par l'action du Bien (12). Nous en concluons que le Bien est la cause première ; nous devons en conclure également que cette cause première doit se nommer cause finale (13). Non que le point de vue de la fin soit le seul que nous apercevions dans la cause : nous pouvons distinguer en elle les causes particulières qui donnent aux êtres ou l'essence (14) ou la vie (15), celles qui les développent (16) et les conservent (17), celles enfin qui travaillent spécialement à rattacher tout au principe commun (18). Nous pouvons en elle et au-dessous d'elle distinguer autant de causes que l'on peut reconnaître de modes de causalité : la cause efficiente, ὑφ' οὗ ; l'organe, δι' οὗ ; le but, δι' ὅ ; le paradigme, πρὸς ὅ ; l'i-

(1) Plat. in Philebo.
(2) Th. s. P. liv. I. c. 22.
(3) Elém. Th. prop. XXV.
(4) Elém. Th. prop. XXVII.
(5) Th. s. P. liv. I. c. 22, 23.
(6) Th. s. P. liv. I. c. 24.
(7) De la Prov. etc. c. IV. — Comm. Parm. T. VI, p. 156-7. — Comm. Tim. p. 258, 247. — Comm. Alc. T. II, p. 257.
(8) Comm. Rép. p. 381.

(9) Elém. Th. prop. XXVII.
(10) Comm. Tim. p. 110. — Th. s. P. liv. I, c. 15.
(11) Comm. Rép. p. 427. — Elém. Th. prop. XII.
(12) Comm. Parm. T. VI, p. 199.
(13) Comm. Alcib. T. III. p. 53.
(14) Elém. Th. prop. CLI.—CLVII.
(15) Elém. Th. prop. CLV.
(16) Elém. Th. prop. CLII.
(17) Elém. Th. prop. CLIV.
(18) Elém. Th. prop. CLVIII.

dée, καθ' ὅ; la cause matérielle, qu'Aristote exprime par ἐξ οὗ et Timée par ἐν ᾦ (1). Mais toutes ces causes différentes n'ont pas une égale importance : il en est qui sont évidemment subordonnées à d'autres, comme l'*idée*, par exemple, qui dépend de la cause efficiente (2); comme l'organe, qui est nécessaire, sans doute, à la production du phénomène, mais qui n'est pas une véritable cause (3). Trois seulement, parmi celles que nous énumérons, offrent ce caractère : ce sont la cause efficiente, le paradigme, et la cause finale (4). Mais parmi elles encore il faut établir des rangs : la cause efficiente est la moindre; ensuite vient le paradigme; la cause finale est la première (5). La cause finale paraît en effet plus analogue à l'Un, qui, comme identique au Bien, préside à toute multitude ordonnée; le paradigme rappelle la dyade, puisque la distinction des êtres entre eux venant de lui, c'est lui, par là même, qui marque la séparation entre l'Un et la multitude; la cause efficiente implique une triade, car elle réside dans l'intelligence, et l'intelligence est au troisième rang, soit qu'on descende à elle de l'Être par la Vie, ou de l'Intelligible par la conception (6). La cause finale est donc supérieure à toutes les autres. C'est donc à elle qu'il importe de s'attacher surtout : la connaissance des autres causes deviendrait inutile à qui ne posséderait pas celle de la cause finale; c'est à elle qu'il faut rapporter l'énergie de tous les producteurs, la naissance de tous les phénomènes (7); elle est la fin des fins et la cause première (8).

C'est ainsi que le bien nous apparaît comme la cause première : mais comment cette cause *agit*-elle? Le mot que nous employons pour poser la question, semble en même temps la résoudre La manifestation par laquelle une force créatrice produit son effet, n'est-elle pas ce qu'on appelle son *acte*? On donne le nom de *cause* aux substances qui commencent d'elles-mêmes le mouvement qui leur est propre; on distingue ensuite leur opération, qui se nomme leur *acte*; et le résultat, c'est l'*effet* (9). Mais tout ceci ne saurait convenir à la cause première. Dégageons-la de toute idée d'*action* (10). Nous n'avons, il est vrai, aucun autre terme à

(1) Comm. Alcib. T. II. p. 558. — Et comm. Tim. p. 108, avec cette différence que l'idée est désignée par εἶδος, quoiqu'on ne supprime pas καθ' ὅ.
(2) Comm. Tim. p. 90.
(3) Comm. Alcib. T. II, p. 558.
(4) Ibidem.
(5) Comm. Tim. p. 112.
(6) Comm. Tim. p. 6. Ταῦτ' οὖν τὰ αἴτια διὰ τῶν ἐκτεθειμένων ἀριθμῶν δηλοῦται, τὸ μὲν τελικὸν, διὰ τῆς μονάδος· ἐν τἀγαθοῦ γὰρ τάξει προέστη τῶν ἀριθμῶν· τὸ δὲ παραδειγματικὸν,

διὰ τῆς δυάδος· ἡ γὰρ ἑτερότης τῶν ὄντων διέκρινε τὰς πρωτουργοὺς αἰτίας τῶν ὅλων· τὸ δὲ ποιητικὸν σημαίνεται διὰ τῆς τριάδος· οἰκεῖος γὰρ ὁ νοῦς τῇ τριάδι, τρίτος ἂν ἀπὸ τοῦ ὄντος διὰ μέσης τῆς ζωῆς, ἢ ἀπὸ τοῦ πατρὸς ἀπὸ τῆς δυνάμεως, ἢ ἀπὸ τοῦ νοητοῦ διὰ τῆς νοήσεως.
— Cf. Th. s. P. liv. IV, c. 1.
(7) Comm. Alcib. T. III, p. 55.
(8) Th. s. P. liv. II, p. 104.
(9) De la Prov., etc. c. V.
(10) Comm. Parm. T. VI, p. 159.

substituer à celui que nous condamnons : l'opération divine, comme la nature même de Dieu, est ineffable (1) ; mais ici, comme dans nos précédentes études sur la divinité, la négation sera féconde (2). Si Dieu, pour produire, n'entre pas en action, nous serons amenés à comprendre qu'il produit par cela même qu'il *est* (3) ; et comme l'essence de Dieu (si l'on veut bien nous permettre cette expression inexacte, mais la seule qui se présente à nous), comme l'essence de Dieu est la Bonté (4), cela revient à dire que l'idée de Bonté implique celle de Cause, et que la Cause première n'est autre que la Bonté qui s'épanche, par cela seul qu'elle est la bonté (5).

Et puisque nous sommes forcés de reconnaître l'incompréhensible unité qui nous défend ici toute distinction entre la cause et son acte, puisque la mesure de l'acte ne peut différer de celle de la cause, nous dirons que l'Un qui, considéré en soi, n'a pas de limites (6), n'en a pas davantage, lorsqu'il est considéré comme cause ; qu'il n'y a rien en dehors de lui, et que, là où s'arrête son action, là finissent les êtres (7) ; que la matière elle-même, dont plusieurs philosophes ont fait un second principe, est en réalité constituée par Dieu (8) ; en sorte que la cause première et ineffable est aussi véritablement la cause universelle (9).

Autre conséquence. L'opération divine, avons-nous dit, n'est point ce que nous nommons une *action* ; ce n'est donc pas par un *mouvement* qu'elle s'accomplit (10), et la cause première est une cause *immobile* (11). Avant les êtres à qui le mouvement est communiqué, avant les êtres qui le communiquent, il fallait un principe qui le donnât sans y être soumis (12). Tel est en effet l'ordre naturel : au sommet, un principe immobile ; après lui, des êtres qui se meuvent d'eux-mêmes ; au plus bas degré, ceux qui, incapables de produire le mouvement, sont contraints de le recevoir (13).

Ainsi, Dieu produit par cela même qu'il est, et sans entrer en action, sans se mettre en mouvement : de cette cause immobile et toujours iden-

---

(1) Comm. Parm. T. VI. p. 161.
(2) Comm. Parm. T. VI. p. 210.
(3) Comm. Tim. p. 119. — Comm. Parm. T. VI. p. 139.
(4) Comm. Tim. p. 109. — Th. s. P. liv. I. c. 15.
(5) Th. s. P. liv. III. c. 7. p. 152.
(6) Comm. Parm. T. VI. p. 107.
(7) Comm. Tim., p. 64. — Elém. Théol. prop. CXLIV.
(8) Comm. Tim., p. 116, 117. « Quant à la
» matière, Plutarque et Atticus disent qu'elle
» n'est pas produite par la cause première. Aris-
» tote, parce qu'elle n'est pas complexe, dit
» qu'elle n'est ni engendrée, ni constituée par
» une autre matière, ni soluble en aucune autre.
» Selon Platon, la matière est éternelle. Mais

» s'ensuit-il qu'il y ait deux causes, Dieu et la
» matière? Nullement : mais Dieu est l'auteur de
» tout Fini, et de tout Infini : la matière est le
» dernier infini ; donc Dieu a créé la matière.
» Εἰ οὖν, ὥσπερ εἴπομεν, ὁ Θεὸς πᾶσαν ἀπει-
» ρίαν ὑφίστησι, καὶ τὴν ὕλην ὑφίστησιν, ἐσχά-
» την οὖσαν ἀπειρίαν καὶ αὐτὴ μὲν πρωτίστη,
» καὶ ἄρρητος αἰτία τῆς ὕλης »
(9) Comm. Tim., p. 108. — Dix doutes, etc.,
c. 1. — Th. s. P. Liv. I, c. 2. — Comm. Parm.
T. VI. p. 522.
(10) Comm. Parm. T. VI, p. 139.
(11) Th. s. P. Liv. III. c. 2.
(12) Elém. de Phys. Liv. II. prop. XIX.
(13) Th. s. P. Liv. I. c. 14. — Comm. Tim., p. 19.
— Elém. Théol. prop. XIV.

tique à elle-même, il ne peut résulter qu'un effet permanent, éternel (1). L'Éternité des choses est une conséquence forcée de l'Éternité supérieure qui appartient à Dieu (2). Nous n'allons pas jusqu'à confondre et absorber en Dieu tout ce qui lui doit l'être ; nous savons que toute cause véritable, et à plus forte raison la première de toutes, est essentiellement distincte de ses produits (3) ; qu'elle persiste en elle-même (4), et ne saurait être modifiée par l'influence des ordres inférieurs (5) ; nous disons seulement que tout effet tenant de sa cause et sa mesure et sa perfection (6), que la cause n'abandonnant jamais son effet (7), et persistant à le produire (8), il est aussi impossible de concevoir la suspension de l'acte divin, que l'anéantissement de Dieu même (9). La création n'est pas le créateur, mais se rattache à lui (10) : rayonnement de l'unité divine, la création, une à son image, n'en est pas séparée (11).

La cause première est une, sans doute : il ne faut qu'un seul chef, une seule cause (12) ; mais, sans rien perdre de son unité, elle se manifeste avec trois caractères. On peut distinguer en elle sa Puissance, sa Science, sa Beauté (13). La Puissance, qui vient de la Bonté, la représente ici sous un point de vue spécial, et il arrive souvent dans l'énoncé de la triade, que l'un de ces mots est employé pour l'autre (14).

Au premier point de vue, la Bonté est envisagée comme surabondante en Puissances (15) ; alors elle manifeste sa force créatrice : elle *constitue* les êtres ; elle les *conserve* après les avoir constitués (16). Elle les constitue, c'est-à-dire, elle leur donne l'unité et l'essence (17) ; elle les conserve, parce que c'est en développant l'essence qu'elle leur a donnée que les êtres travaillent à leur propre salut (18), et parce que, restant toujours dans la dépendance de leur cause, les effets sont naturellement conservés (19).

Au second, elle nous apparaît plus particulièrement comme Science ; comme telle, nous la plaçons après la Puissance, qui déjà est un aspect secondaire de la Bonté (20). Ce que la science donne, en effet, c'est la connaissance ; la Bonté donne le Bien, ou, ce qui est la même chose, l'Unité ; l'Unité, le Bien sont supérieurs à la connaissance (21). Tout le

(1) Elém. Théol. prop. LXXVI. — Comm. Parm. T. V, p. 17. —Comm. Tim., p. 90.
(2) Comm. Parm. T. VI, p. 256.
(3) Elém. Théol. prop. LXXV. — Comm. Parm. T. V, p. 16, 126 ; T. VI, p. 75. — De la Prov., etc., c. 5.
(4) Elém. Théol. prop. XXVI.
(5) Comm. Parm. T. IV, p. 213. — Comm. Alcib. T. II, p. 145-6. — Th. s. P. Liv. 1, c. 13, p. 58.
(6) Comm. Tim., p. 17.
(7) Elém. Theol. prop. LVII. — Th. s. P. L. VI, c. 4, c. 2.
(8) Comm. Tim., p. 23.
(9) Comm. Parm. T. VI, p. 256.
(10) Comm. Parm. T. IV, p. 162.
(11) Comm. Parm. T. IV, p. 85, 121, 112.
(12) Comm. Tim., p. 80.—Comm. Parm. T. V, p. 21, 22.
(13) Th. s. P. Liv. I, c. 22, 23, 24, 25.
(14) Voyez les chapitres cités.
(15) Elém. Th. prop. XXVII.
(16) Th. s. P. Liv. I, c. 22.
(17) Car sans unité, point d'essence. Th. s. P. Liv. II, c. 1.
(18) Comm. Tim., p. 505.
(19) Comm. Tim., p. 14.
(20) Comm. Républ., p. 417, 427.
(21) Comm. Tim., p. 173.

reste est au-dessous d'elle ; mais que pourrait-on mettre au-dessus de la Bonté(1)?

Mais, si le point de vue de la science est, dans la cause, inférieur à celui de la puissance (2), nous devons ajouter qu'il en est inséparable (3). L'idée d'*être cause* implique celle de *connaître* (4). En Dieu, qui est Un, et qui n'est rien autre chose que l'Un (5), produire et connaître ne font qu'un seul et même acte (6). Les créatures de Dieu ont leur hypostase dans ses conceptions (7). Encore le mot de *conception* est-il impropre ici (le langage humain ne saurait expliquer la connaissance divine)(8) : Dieu, à vrai dire, ne se *comprend* pas lui-même (9) ; mais ce que nous voulons faire entendre de Dieu s'accomplit en lui par cela seul qu'il est l'Un (10). C'est ainsi que, sans sortir de lui-même, il se connaîtra ; c'est ainsi qu'en se connaissant lui-même, il connaîtra tous les êtres, quelle que soit leur essence (11) ; car ce n'est pas la nature de l'objet connu qui détermine la nature de la connaissance, mais bien celle du sujet qui connaît (12). L'âme, par exemple, qui vit dans le temps, connaît par des opérations successives ; l'Intelligence, qui est éternelle, embrasse d'une seule vue l'objet de son immobile conception (13) ; Dieu . qui est Un, a, dans son unité même, la connaissance une de tout ce qui existe, identifiée avec la création de ce qu'il connaît (14). Il importe donc peu que l'objet soit divisible, mobile, mortel ou contingent : il n'y aura rien dans la connaissance divine qui ne soit indivisible, immobile, éternel et nécessaire (15). S'agit-il d'actes successifs? Dieu les connaît simultanément (16); des mouvements secrets d'un être libre? Dieu est la liberté dans sa notion la plus haute, cause de toute liberté particulière (17); or, c'est dans la cause que l'effet est le plus complètement saisi : (18) Dieu n'a donc, ici encore, qu'à regarder en lui-même (19) *a*.

Ceci deviendra plus évident encore, si nous remarquons que ces distinctions d'objet connu, de sujet qui connaît, n'ont en Dieu aucune réa-

(1) De la Prov., etc., c. 5.
(2) Comm. Alcib. T. II, p. 28.
(3) Comm. Parm. T. IV, p. 16, 17.
(4) Comm. Parm. T. V, p. 215.
(5) Comm. Parm. T. VI, p. 66.
(6) Comm. Parm. T. V, p. 16 et 218.—Comm. Tim. p. 215.
(7) Comm. Tim., p. 41.
(8) Elém. Th. prop. CXXI.
(9) Comm. Parm. T. VI, p. 87.
(10) Dix Doutes, etc., c. L. — De la Prov. c. XXIII.
(11) Comm. Parm. T. V, p. 227.
(12) Comm. Alcib. T. II, p. 222-3, 306. — T. III, p. 45. — De la Prov., etc., c. LII.
(13) Comm. Alcib. T. III, p. 54.
(14) Th. s. P. Liv. I. c. 24. — Du Mal. c. IX.
(15) Comm. Tim. p. 107. — Elém. Th. prop.

CXXIV. Comm. Parm. T. V. p. 232-3. — De la Prov., etc., c. XXIII.
(16) Th. s. P. liv. I. c. 21. — Comm. Parm. T. V, p. 129.
(17) Comm. Tim. p. 110, et Comm. Parm. T. V, p. 231. — Comm. Tim. p. 66. Παρήγαγον μὲν οἱ Θεοὶ καὶ πᾶσιν ἡμῶν τὴν οὐσίαν, καὶ τὸ αὐτοκίνητον ἡμῖν ἐδωρήσατο πρὸς τὴν αἵρεσιν τῶν ἀγαθῶν.
(18) Comm. Tim., p. 10
(19) Comm. Alcib. T. 11, p. 301.
a. Proclus raisonne ailleurs d'une autre manière : Un objet de connaissance ne peut être atteint que par une faculté de connaître en rapport avec sa nature : or l'unité est la seule chose commune à tous les êtres. Voilà pourquoi c'est par son unité absolue que Dieu connaît tout. Dix Doutes, etc., c. L.

lité (1). La connaissance dans l'âme, opinion ou science, même quand elle est vraie, n'est que l'image de l'être, résultat d'une opération particulière, d'un certain mouvement; il n'y a rien là qui ressemble à la connaissance réelle, universelle, immuable de Dieu. Pour l'intelligence, elle atteint l'Être sans doute, car elle subsiste en lui; ce n'est plus une image, c'est la réalité même de l'Être qu'elle affirme; mais il est facile d'établir des distinctions dans l'Être; on peut aussi montrer que l'intelligence n'atteint pas les phénomènes; et dès lors, la connaissance intellectuelle n'est point assez complète, assez *une*, pour être celle de Dieu (2). Dieu n'atteint pas la Vérité : il est lui-même, dans sa mystérieuse unité, la vérité complète, simple et immuable. Platon a donc raison de dire que Dieu ne philosophe pas : la philosophie, en effet, c'est la recherche de la vérité; le philosophe essaie de combler peu à peu le vide de science qu'il a reconnu dans son âme : mais Dieu possède la vérité dans toute sa plénitude; chez lui la science déborde, éclate, et c'est ainsi qu'il devient créateur (3).

Mais la doctrine qui établit que Dieu, par cela même qu'il est l'Un, est tout sans être aucune chose, connaît tout sans opération intellectuelle, produit tout sans agir; qui refuse de séparer dans l'Unité divine la puissance de créer de celle de concevoir; qui, par le fait même de l'existence de Dieu, voit en lui tout ce que nous venons de dire, et autour de lui tous les êtres; cette doctrine échappera-t-elle au reproche de rabaisser Dieu, en le peignant comme enchaîné dans les liens d'une invincible nécessité (4)? Nous connaissons des causes d'un rang inférieur qui se déterminent librement : la cause première agira-t-elle fatalement? Il n'en est pas ainsi : seulement, la détermination libre ne saurait être en Dieu ce qu'elle est dans l'homme. L'âme particulière a la puissance de choisir : mais nous ne lui connaissons ce pouvoir que pendant sa vie sur la terre; cette faculté est essentielle en Dieu. L'âme choisit dans le temps : le choix est marqué en Dieu du caractère de l'Éternité (5). L'âme choisit après délibération; en Dieu, la délibération et le choix ne sont qu'un même acte (6). Cette constance nécessaire de la libre détermination en Dieu peut même nous faire dire, qu'à proprement parler, il ne choisit pas. Concevrions-nous, en effet, la Bonté suprême agissant, et ne conformant pas ses actes à l'excellence de sa nature (7)? Dieu ne peut être emporté par le caprice au-delà de ce qui est bien; ce qui ne veut pas dire que nous supprimons la volonté divine, mais seulement que nous reconnaissons son accord éternel avec ce que nécessite en Dieu l'excellence de sa

(1) Th. s. P. Liv. I. c. 24.
(2) Voyez tout ce passage. Th. s. P. L. I, c. 24.
(3) Th. s. P. Liv. I, c. 24. — Liv. VI. c. II.
(4) Le Traité de la Providence, du Destin et de la Liberté, roule presque tout entier sur cette question.
(5) Comm. Tim., p. 110.
(6) Comm. Parm. T. V, p. 231.
(7) De la Prov., etc., c. XLVIII.

nature (1). Mais nous aurons tout-à-l'heure, en parlant de la Providence, l'occasion naturelle de montrer en détail combien ce qu'il y a de profondément, d'invariablement ordonné dans l'action divine, est loin de ressembler à ce que nous nommons nécessité fatale (2).

Au troisième point de vue, la Bonté sera la Beauté (3). Que nous fassions venir le mot καλὸν de κηλεῖν (charmer), ou de καλεῖν (appeler) (4), il nous est facile de comprendre qu'il est ici question de cette autre puissance de la cause, par laquelle, avons-nous dit, elle rappelle dans son sein (ἐπιστρέφει) tous les êtres qui en sont sortis (5). Ce n'est pas que, dans la création proprement dite, la Beauté divine soit privée de sa part d'influence; non certes, et tout ce qu'il y a de beau dans le monde a reçu de Dieu sa Beauté (6). Ce n'est pas non plus que la Bonté, la Science, que nous venons de voir éclater dans la production des créatures, ne sachent aussi, par des intermédiaires qui leur sont propres, les rattacher à la cause (7). Mais ce rôle convient plus particulièrement à la Beauté, comme nous allons essayer de l'établir.

Assurément, la manière la plus parfaite de se réunir à l'Un est celle de l'être qui, s'arrachant à toute communication avec l'univers, s'interdisant à lui-même tout acte intérieur, s'isolant dans son unité, parvient ainsi à contempler l'Un suprême (8). Nous ne saurions alors distinguer en lui ni mouvement, ni pensée : il n'y reste qu'une chose, la Foi, noble intermédiaire entre le Bien et les Êtres (9). Non cette Foi par laquelle nous croyons au témoignage de nos sens ou aux vérités du sens commun; mais la Foi qui résulte de l'union intime avec Dieu, de l'édification en lui (ἵδρυσις) (10). Mais la Foi n'est pas l'intermédiaire universel : les Dieux, les Démons, les âmes bienheureuses, peuvent avoir la Foi (11); l'âme particulière, quand elle est préparée par la philosophie, peut y parvenir (12); mais les êtres qui ne sont point éclairés par l'intelligence sont nécessairement privés de la Foi, qui est supérieure à l'acte intellectuel (13).

La science a aussi, pour relier les êtres à elle, un intermédiaire puissant, c'est la Vérité (14). Tout ce qui peut atteindre à comprendre la Vérité qu'il possède en soi, remonte à Dieu par la science (15); mais c'est là philosopher, et tous les êtres n'en sont pas capables (16).

(1) Comm. Tim. p. 49. Ἡ γὰρ θεία ἀνάγκη συντρέχει τῇ θείᾳ βουλήσει, καὶ ἡ ἐκλογὴ τῷ κλήρῳ, καὶ τὸ ἑλέσθαι τῷ λαχεῖν.
(2) Comm. Tim., p. 324.
(3) Th. s. P. Liv. I, c. 22, 23, 24, 25.
(4) Comm. Alcib. T. III, p. 213.
(5) Comm. Tim. p. 64. — Comm. Parm. T. V, p. 216.
(6) Th. s. P. Liv. 1, c. 23.
(7) Th. s. P. Liv. 1, c. 23.

(8) De la Prov., etc., c. XXIV. — Th. s. P. Liv. I. E. 26.
(9) Comm. Tim., p. 65. — Th. s. P. Liv. I, c. 26.
(10) Th. s. P. Liv. I, c. 26.
(11) Ibidem.
(12) Comm. Alcib. T. III. p. 10.
(13) Th. s. P. Liv. 1, c. 26.
(14) Ibid., c. 25.
(15) Comm. Alcib. T. II, p. 292.
(16) Il n'y a que les âmes. Comm. Alcib. T. III, p. 25.

Mais la Beauté, par l'intermédiaire de l'Amour, illumine tous les ordres, même les moins parfaits, et les réunit à leur cause (1). Les anciens oracles, qui nommaient l'Amour premier-né de l'Intelligence divine, reconnaissaient dans son feu le lien universel des êtres πῦρ συνδέσμιον (2). Dans les ordres qui reçoivent les émanations de l'intelligence, l'amour, en allumant le désir de la Beauté intelligible, excite à la philosophie, et, par suite, peut conduire à la Foi (3). Mais on doit dire que l'essence intelligible elle-même, à cause de son union ineffable avec Dieu, n'a pas besoin pour retourner à lui de sentir l'aiguillon de l'Amour (4).

Telle est la force propre à la Beauté première, qui n'est pas, comme les beautés de ce monde, symétrie, harmonie ou même intelligence (5), mais qui n'est autre que le Bon, sous un aspect déterminé (6).

Tels sont donc les trois points de vue de la cause, bonté, science, beauté : ils suffisent à expliquer la triple action par laquelle Dieu constitue les êtres, les conserve et les rattache à lui. Un seul nom les résume : quand nous levons les yeux vers cette cause de qui tout émane, qui maintient tout et vers qui tout aspire, nous la nommons Providence (7).

Il serait superflu de répéter, à propos de cette désignation nouvelle, ce que nous venons de dire sur les caractères de la cause : souvenons-nous seulement que la Providence divine est à la fois volonté, connaissance et puissance (8), en d'autres termes, liberté (9), intelligence (10), souveraineté (11); d'où il suit, et ceci mérite quelques développements, qu'elle est juste (12), véridique (13) et universelle (14).

La première justice, la première vérité sont en Dieu. Ce n'est pas le moment d'examiner pourquoi les événements de ce monde semblent donner d'assez nombreux démentis à ce que nous affirmons de la justice et de la véracité divine. Nous expliquerons en leur lieu les faits à l'occasion desquels on incrimine la Providence. Nous montrerons alors que l'erreur est tout entière du côté des êtres soumis à l'action providentielle (15). Mais ici nous dirons que la Providence, qui permet leur erreur, n'a point tort de le faire, parce qu'elle n'a en vue que leur bien, et que, si leur imperfection doit les empêcher invinciblement d'y parvenir au

(1) Comm. Alcib. T. II, p. 85.
(2) Comm. Alcib. T. II, p. 177 : ... Ὅς ἐκ νόου ἔχθορε πρῶτος, Ἑσσάμενος πυρὶ πῦρ συνδέσμιον, ὄφρα κεράσῃ Πηγαίους κρατῆρας, ἰοῦ πυρὸς ἄνθος ἐπίσχων.
(3) Comm. Alcib. T. II, p. 166.
(4) Ibid., p. 144.
(5) Th. s. P. Liv. I. c. 23.
(6) Comm. Alcib. T. III, p. 205-6. — Sur la Foi, la Vérité, l'Amour, cf. Th. s. P. Liv. IV, c. 8.
(7) De la Prov., etc, c. 8.
(8) Comm. Parm. T. V, p. 231.
(9) De la Prov., etc., c. XLVI.
(10) Th. s. P. Liv. I. c. 22.
(11) Comm. Parm. T. V, p. 236.
(12) Th. s. P. Liv. I. c. 15.
(13) Th. s. P. Liv. I, c. 18, 21.—Comm. Républ., p. 536-7-8.
(14) Th. s. P. Liv. I, c. 15, 15.—Elém. Théol. prop. CXX.
(15) Th. s. P. Liv. I, c. 21.—Comm. Républ., p. 339.

moyen de la vérité, ils seront trop heureux qu'on les y mène par une tromperie salutaire (1).

Nous ne serons pas plus touchés des argumens de ceux qui, au nom de la grandeur, de la pureté, de la majesté divine, refusent de croire à l'universalité de l'action de la Providence (2). Ils craignent que cette opération infinie ne soit pour Dieu une véritable fatigue; ils craignent au moins qu'en se mêlant à tout, sa grandeur suprême n'en soit ravalée. Mais connaître tout ce qui existe, savoir ce qui est bien pour un être, délibérer, se résoudre, accomplir, tout cela chez Dieu n'est qu'un seul acte; ou, pour mieux dire, c'est ainsi que se manifeste la nature de Dieu, tout entière à la fois, sans travail et sans peine. Quand le feu répand sa chaleur, supposons-nous qu'il y fasse effort (3)? Nous serions obligés de convenir que le commerce des êtres inférieurs avec Dieu le dégrade en quelque sorte, s'il en recevait la moindre influence : mais l'unité divine étant inaltérable et pénétrant jusqu'aux extrémités de la chaîne univer-selle sans sortir de soi-même, sans entrer en contact avec ses créatures, la Providence doit pouvoir, sans rien perdre de sa majesté, atteindre jusqu'au dernier des êtres intellectuels, animés ou inanimés (4). La ma-tière elle-même éprouve à un certain degré l'action providentielle (5) ; le mal, dont il faut bien admettre l'existence dans certains ordres de la créa-tion (6), n'est pas l'irruption d'un principe étranger dans le domaine de la Providence : il a sa raison d'être ; il est, par la volonté de Dieu, une pièce nécessaire de l'ordre universel (7). Et sous ce rapport, les êtres les plus dédaignés, dès qu'on les envisage comme étant aussi sous la main de Dieu, en tirent quelque grandeur (8) : aux yeux du vrai philosophe, il n'y a rien de vil dans la maison de Jupiter (9).

Il nous reste à dire comment s'exerce la Providence. Dieu est libre, sans doute ; mais nous avons vu que cette liberté ne pouvait dégénérer en caprice, et que l'action divine était nécessairement analogue à la na-ture divine (10). Qu'est-ce à dire, sinon que l'action providentielle a sa loi; en d'autres termes, qu'elle marche régulièrement à un but déterminé (11)? Or, la Providence vient de la bonté (12), qui est l'essence même de Dieu (13); elle n'est autre chose que la bonté qui se manifeste (14). Son œuvre sera donc bonne, car la bonté ne saurait rien produire de contraire à sa

(1) Comm. Républ., p. 581.
(2) Th. s. P. Liv. I, c. 13.
(3) Ibid.
(4) Ibid. — Comm. Alcib. T. II, p. 143. — Comm. Tim., p. 543, 48. — Dix Doutes, c. 5, sub fin. — Elém. Th. prop. CXL.
(5) Comm. Parm. T. V, p. 66.
(6) Comm. Tim., p. 12.

(7) Du Mal., c. 9. — Th. s. P. Liv. I, c. 18. — Comm. Tim., p. 114, 5.
(8) Comm. Tim., p. 66.
(9) Comm. Parm. T. V, p. 66.
(10) Comm. Tim., p. 49.
(11) Comm. Tim. p. 41, 524.
(12) Comm. Tim. p. 112-3.
(13) Voyez plus haut, p. 52.
(14) Comm. Alcib. T. II, p. 283.

propre nature (1). La création, dans son ensemble, sera donc bonne et parfaite (2); je dis dans son ensemble, car l'ordre et l'harmonie du tout exigeront la hiérarchie des éléments, c'est-à-dire des degrés dans la perfection, des êtres moins bons après les meilleurs (3), en un mot, l'altération de quelques parties dans l'intérêt de la vie générale (4). Il faudra que tous les êtres participent au bien, mais dans une mesure différente et chacun selon sa dignité (5).

Au sommet, nous devons reconnaître ce qui est supérieur à l'essence, puis l'essence elle-même; la génération doit suivre, puis enfin ce qui est inférieur à la génération (6). Ce qui est supérieur à l'essence n'est autre que le divin (7); les *êtres* réellement dignes de ce nom sont l'Être en soi, la Vie, l'Intelligence et l'Ame (8); la génération comprend les Ames particulières qui sont unies à des corps, et les corps eux-mêmes (9). après la génération doit se placer la matière (10).

Telle est la hiérarchie des Etres dont l'ensemble compose la création. Chacun d'eux est l'auteur de ceux qui viennent après lui (11), et il est cause d'effets d'autant plus nombreux, qu'il est lui-même plus rapproché de la cause première (12). C'est encore selon le degré qu'il occupe, que chacun est plus simple (13) dans son essence, c'est-à-dire plus semblable à l'Un, et en même temps doué de forces plus énergiques (14).

Et réciproquement, comme la matière est de soi inactive, impuissante, à mesure qu'en descendant l'échelle des êtres on fait un pas vers elle, on trouve des essences plus complexes et des forces réduites (15). Ceci explique pourquoi la tendance nécessaire des premiers êtres vers les inférieurs était regardée par les Pythagoriciens comme quelque chose de surprenant et de hasardeux : ils la nommaient τόλμα (16). Néanmoins,

(1) Comm. Alcib. T. III, p. 163.
(2) Th. s. P. liv. 1, c. 18. — Comm. Tim. p. 17.
(3) Comm. Tim. p. 307.
(4) Ibidem. — Comm. Alcib. T. II, p. 5, 6. — Comm. Tim. p. 115.
(5) Comm. Alcib. T. II, p. 5. Dix Doutes. c. III, sub fin. — Elém. Th. prop. CXLII.
(6) Comm. Parm. T. IV, p. 57.
(7) Comm. Tim. p. 40.
(8) Comm. Parm. T. V, p. 122.
(9) Comm. Tim. p. 71, 53, 524. — Th s. P. liv. I. c. 29.
(10) Comm. Parm. T. IV, p. 51, 57. — Voici un autre passage qui, à quelques égards, complète ceux dont on s'est servi : Λέγω δὴ πρώτως τὸ ἀεὶ ὂν εἶναι τὸ αἰώνιον ὑπάρχον κατὰ πάντα, τὴν οὐσίαν, τὴν δύναμιν, τὴν ἐνέργειαν γενητὸν δὲ ἀπλῶς, τὸ ἐν χρόνῳ τήν τε οὐσίαν ὑποδεχόμενον, καὶ τὴν δύναμιν πᾶσαν, καὶ τὴν ἐνέργειαν. Δεῖ γάρ τὸ μὲν ὅλον εἶναι αἰώνιον, τὸ δὲ ὅλον ἔγχρονον· καὶ τὸ μὲν αὐθυποστάτως ὁμοῦ πᾶν ὑφεστᾶναι, τὸ δὲ ἀλλαχόθεν ἠρτημένην ἔχειν τὴν ἐν τῇ παραστάσει ὑπόστασιν·

τούτων δὲ ἄκρων ὄντων εἶναι καὶ τὰ μέσα, τὰ πῆ μὲν τῆς τοῦ ὄντος μετειληφότα μοίρας, πῆ δὲ κοινωνοῦντα γενέσεως· εἶναι δὲ αὖ καὶ τὰ μηδετέρου τούτων μετέχοντα, τὸ μὲν κατὰ τὸ κρεῖττον, τὸ δὲ κατὰ τὸ χεῖρον. Καὶ γὰρ ἡ ὕλη οὔτε ὄν ἐστιν, οὔτε γενητόν.... καὶ τὸ Ἕν. Comm. Tim. p. 78. — Cf : Th. S. P. liv. I. c. 5, 21. — V. 50.-III. 6. — Comm. Tim. p. 1, 28, 40, 53, 178-9, 181, 189, 289, 267. — Comm. Parm. T. IV, p. 51, 113. — Elém. Th. prop. CXXIX. -XX. De la Prov., etc., c. VI. — Dix Doutes. c. III. -X. — Comm. Alcib. T. III. p. 20, 1, 2.
(11) Elém. Théol. prop XXVII. — Comm. Parm. T. V, p. 204.
(12) Elém. de Th. prop. LXII. — CLV. — Comm. Parm. T. VI, p. 75, 89.
(13) Comm. Tim. p. 27.
(14) Th. s. P. liv. IV, c. I. — Comm. Parm. T. V, p. 159. — Elém. Th. prop. XCV. — Comm. Tim. p. 8, 42.
(15) Comm. Alcib. T. II, p. 331. — Comm. Parm. T. VI, p. 128.
(16) Comm. Alcib. T. II, p. 288.

cette union des supérieurs avec ceux qui les suivent est un principe universel (1) : les premiers ne se lassent point de produire les seconds (2); les seconds ne subsistent que parce qu'ils sont rattachés aux premiers (3). Ceux-ci ont une puissance réceptive, ceux-là une puissance active : mais rien ne serait, si le concours de l'une manquait à l'autre (4).

Les mêmes relations doivent se représenter entre les termes de chaque série particulière (5). Le premier terme est, relativement aux autres, un *imparticipable* (ἀμέθεκτος), immédiatement suivi d'un *participable* (μεθεκτός), après lequel se développent les *participants* (μετέχων) (6). Le premier terme de la série s'appelle encore sa monade (7) (la monade des intelligences, la monade des âmes, etc.), et cette monade est pour le nombre qu'elle précède, comme l'unité divine pour la multitude infinie (8), c'est-à-dire qu'elle le produit incessamment et le conserve toujours (9). Elle est in-engendrée (10) : ce qui arrive à l'*être* après elle et par elle lui ressemble d'autant plus, qu'il apparaît plus tôt, et les derniers termes de la série sont ceux qui diffèrent le plus du principe (11)

Le principe de chaque série est de même nature que le dernier terme de la série supérieure (12) : elles sont donc reliées les unes aux autres, et toutes ensemble à la cause première. Chaque être en particulier aspire à la même fin, et, remontant de degrés en degrés, refait en sens contraire toute la route qu'il avait parcourue pour descendre de l'Un (13).

A mesure que les Etres, série par série, se dérouleront à nos yeux, nous exposerons ce qui peut appartenir en propre à chacune d'elles; nous avons décrit ce qui est pour toutes la loi providentielle de leur développement. Aucune force extérieure ne les y assujétit : du sein même de leur essence, la Providence les dirige; tout marche et concourt à l'ordre universel (14).

Le mot que nous employons pour désigner cette loi, Θεσμός, suffit pour empêcher qu'on ne la confonde avec les autres, νόμοι. Les autres lois supposent distribution et partage, bien entendu qu'à ces partages c'est l'intelligence qui préside ; νόμος, c'est à-dire νοῦ διανομή (15). La loi première que nous exposons est supérieure à toutes ces lois partielles, et, comme réglant l'action de la Providence qui existe avant l'Intelligence (προνοία, c'est-à-dire πρὸ νοῦ) (16), elle comprend toutes les autres (17). Gardons-

(1) Th. s. P. liv. IV. c. 2.
(2) Comm. Tim. p. 28.
(3) Comm. Tim. p. 17.
(4) Comm. Alcib. T. II, p. 275-6.
(5) Comm. Parm. T. V, p. 110.
(6) Comm. Parm. T. IV, p. 122.
(7) Comm. Alcib. T. II, p. 154.
(8) Th. s. P. liv. III, c. 1.
(9) Comm. Tim. p. 28.
(10) Th. s. P. liv. V, c. 31. — Elém. Th. prop. XCIX.

(11) Th. s. P. liv. VI, c. 4. — Elém. Th. prop. XXIX, XCVII.
(12) Elém. Th. prop. CX, CXII.
(13) Elém. Th. prop. XXXVIII.
(14) Comm. Tim., p. 325.
(15) Comm. Répub., p. 417. — Comm. Tim., p. 46. — Comm. Alcib. T. III. p. 74. — Th. s. P. Liv. V, c. 9.
(16) De la Prov., etc., c. 5.—Th. s. P. Liv. I, c. 14.
(17) Comm. Tim., p. 332.

nous donc bien de l'assimiler à aucune ; évitons, par exemple, l'erreur trop répandue qui confond la loi de la Providence avec ce qu'on nomme la Fatalité, εἱμαρμένη (1).

La Fatalité, selon le sens ordinaire du mot, désigne ce pouvoir qui enchaîne d'une manière invincible une chose à une autre, non par quelque rapport qu'il établit entre leurs essences, mais par une contrainte extérieure. Il est facile de voir que les êtres contraints sont ceux qui, privés naturellement de toute puissance active, ne peuvent influer les uns sur les autres, existent épars, et, autant qu'il dépend d'eux, inordonnés : la Fatalité est la puissance qui les amène à l'ordre (2). Tout ce qui, de sa nature, est intellectuel, échappe par cela même à la Fatalité (3) ; l'Ame, quand elle agit selon l'intelligence qui est en elle, c'est-à-dire raisonnablement, lui échappe aussi ; elle ne lui est soumise qu'autant que, dans son union avec le corps, elle cède aux appétits matériels (4).

La Fatalité, on le voit, est une loi particulière qui n'atteint qu'un certain ordre d'êtres : elle est subordonnée à l'intelligence, et celle-ci à la Providence (5).

Mais s'il ne faut pas confondre la loi de la Providence avec la Fatalité, ou toute autre loi partielle, faut-il admettre en face d'elle et hors de sa dépendance, un pouvoir aveugle qu'on nommerait la Fortune (τύχη)? Ce que les hommes appellent ainsi, n'est pas, comme ils se l'imaginent, une force qui dispense au hasard les richesses, les honneurs, et tant d'autres dons enviés : inégalement, mais non fortuitement distribuées, ses faveurs établissent entre les hommes des rapports qui étaient nécessaires dans le plan de la Providence (6).

IV. *Première distinction en Dieu, ou commencement de la création : le Fini et l'Infini.*

Il est temps de suivre le principe divin dans ses manifestations différentes, en exposant d'abord, comme le veulent et la nature des choses et l'ordre de la déduction, quelle est cette première expansion de la divinité, où est contenu, comme dans son germe, tout ce qui constituera l'Univers. Nous dirons, en conservant la langue de Platon (7), ou plutôt

(1) C'était l'erreur de Théodore. Proclus la réfute dans son traité de la Prov. Voy. c. 2.
(2) Comm. Tim., p. 325. — De la Prov., etc., c. 5, 6.
(3) De la Prov., etc., c. 6. — Cf. Th. à P. Liv. V, c. 25.
(4) Comm. Tim., p. 62. — De la Prov., etc., c. 5.
(5) Comm. Parm. T. V, p. 207. — Comm. Républ. p. 576.
(6) Comm. Tim., p. 59. — Id. p. 119. Cf. Dix Doutes, etc., c. 6. — Comm. Alcib. T. III, p. 44.
(7) Plat. in Philebo. — Th. s. P. Liv. III, c. 8. — Comm. Parm. T. IV, p. 161. — Cf. Trendelenburg, de Platonis Philebi consilio. (Berlin, 1837), p. 7.

celle de Pythagore (1) , que le Fini et l'Infini sont la dyade par laquelle se manifeste l'Un (2) ; que l'Un n'a point d'émanation qui leur soit antérieure (3) ; qu'ils sont inséparablement unis, agissent ensemble (4), et sont les principes de tous les êtres (5). Car Dieu a tout composé d'un mélange de Fini et d'Infini (6), même le Premier Être (7) ; ce qui ne veut pas dire que le Fini et l'Infini n'ont d'existence réelle que dans leurs mélanges : au contraire, ils en sont complètement indépendants, existent avant eux et leur sont supérieurs (8).

Le fini est cet *Un*, qui, postérieur à l'*Un imparticipable*, produit le Premier Être ; l'infini est la puissance d'où sort le Premier Être par la vertu du Fini. Le Fini représente l'Un suprême, principalement sous le rapport de son Unité, de sa stabilité, de sa concentration en lui-même : l'Infini est plutôt une image de la fécondité divine, qui transforme et multiplie. Chacun exerce sur les Êtres l'action qui lui est propre ; le Fini leur donne l'intégrité, l'unité, le lien qui les rattache au tout ; c'est par l'infini qu'ils sont divisibles, mobiles et susceptibles de développement. Ainsi, lorsque nous dirons qu'un être persiste en soi et s'épanche en produits, qu'il est à la fois un et multiple, nous rattacherons au Fini l'unité de cet être et sa vertu supérieure ; à l'infini, sa multiplicité et ses puissances secondaires. Si, par exemple, nous considérons l'Éternité(9) comme la cause qui donne à certains êtres une durée sans limites, nous l'envisageons par l'infini qui est en elle ; mais si nous remarquons plus particulièrement qu'elle est essence et mesure intelligible, nous la rattachons au Fini. C'est comme dépendance du Fini que l'Intelligence, qui est une, comprend en soi tous les paradigmes de ses inférieurs ; c'est comme puissance infinie qu'elle produit et ordonne tous les êtres de cet univers dont elle est l'architecte suprême. L'âme, qui est douée d'un mouvement circulaire, le tient du Fini ; mais ses révolutions ne sont point bornées en nombre ou mutuellement isolées : le terme de chacune est le point de départ d'une autre. Il y a enchaînement nécessaire, succession perpétuelle ; sous ce rapport, l'âme nous découvre sa participation à l'infini. Nous reconnaîtrons également l'influence du Fini dans l'Univers, lorsqu'il nous apparaîtra comme le Tout, un et limité, mû dans un cercle éternellement le même ; mais la propriété que nous lui reconnaissons de

(1) Comm. Tim., p. 40.
(2) Th. s. P. Liv. III, c. 8.
(3) Comm. Parm., T. VI, p. 187.
(4) Comm. Tim., p. 13.
(5) Comm. Parm. T. V, p. 31, 199. — Comm. Tim., p. 13, 40, 181.
(6) Th. s. P. Liv. III, c. 8.
(7) Elém. Th. prop. LXXXIX. — Comm. Tim., p. 80. — Th. s P. Ubi supra.
(8) Th. s. P., même chapitre. — Elém. Th. prop. XC, XCII.

(9) L'éternité, c.-à.-d. la Vie. Nous avons vu que l'éternité n'est autre que la vie en soi, considérée sous le rapport de sa durée. Proclus montre ici, en parcourant toute la série des êtres que nous avons exposée d'après lui (v. plus haut, p. 38) que chacun participe à la fois du Fini et de l'Infini. Ce passage pourrait donc se joindre à tous ceux que nous avons cités p. 38 note 10, sur le nombre et la succession des ordres d'Êtres reconnus par Proclus.

se développer en êtres divers, de recommencer à tout jamais ses révolutions successives, c'est à l'infini que nous la devrons rapporter. Enfin, la génération tout entière qui se fait à l'image des Idées finies, dont le mouvement imite celui du cercle céleste, n'est point en dehors du Fini ; et l'infini se manifeste en elle de toutes parts, et par la variété des êtres qui naissent, et par les changements perpétuels qu'ils subissent, et par cette fluctuation qui ne leur permet pas d'éprouver constamment et au même degré l'action salutaire des ordres supérieurs. Ajoutons encore que chacun des produits de la nature, par sa forme, se rattache au fini, par sa matière, à l'infini (1).

Mais, parce que le fini est analogue au *même* et à l'*un*, parce que l'infini est analogue à l'*autre* et au *multiple*, il n'en faudrait pas conclure que le fini soit identique à l'*un* et au *même*, l'infini au *multiple* et à l'*autre*. Le Fini et l'Infini, dans leur première union, produisent l'Essence intelligible, où l'un et le multiple n'ont point encore accès ; car l'un et le multiple réunis forment le *nombre*, c'est-à-dire la multitude ordonnée et réduite à une certaine unité. Or, pour rencontrer le nombre, il faut descendre de l'Essence intelligible pure à l'Essence intelligible vivante. Il faudrait encore descendre un degré de plus, et arriver à l'intelligence, pour y trouver le *même* et l'*autre*, qui là seulement peuvent exister réunis (2).

Le Fini représente plus particulièrement les propriétés de l'Un (3) ; donc, plus un Être se trouve haut placé dans la hiérarchie, c'est-à-dire plus il reste voisin de la première Unité, plus, par cela même, son essence est analogue au Fini (4). L'Infini représente plus particulièrement l'expansion de la puissance divine ; donc, plus un être se rapprochera du principe universel, plus aussi sa puissance tiendra de la puissance infinie (5).

Il est à remarquer que parmi les puissances que nous nommons *infi-*

(1) Tout ce passage reproduit à peu près textuellement le 8e chapitre du IIIe livre de la Th. s. P. Voici un peu moins nettement exposée, mais un peu plus développée, la même doctrine, d'après le Comm. Parm. T. VI. p. 98-104 : « L'Infini est caractérisé dans la matière, par l'indétermination, l'absence de forme et d'idée ; dans le corps, par la divisibilité ; dans les qualités, par le plus ou le moins ; dans la connaissance, par la succession et la diversité des pensées ; dans la cyclophorie céleste, par la force infinie du moteur ; dans l'âme, par son mouvement éterne. ; dans le temps, qui mesure les révolutions de l'âme, par le nombre et la puissance illimitée de ses périodes ; dans l'intelligence, par son éternité, par sa haute puissance ; dans l'éternité même, par sa compréhension, qui embrasse toute l'infinité intellectuelle. On remonte ainsi jusqu'à l'infini en soi. Le Fini, à son tour, se manifeste : dans la matière, par l'idée qui la contient et la détermine ; dans le corps (abstraction faite de ses qualités) par la propriété qu'il lui donne d'être un *tout*, ὅλον ; dans les éléments du corps, par la limitation de leur nombre, τόσον ; dans les *idées* qui précèdent les corps pour les constituer, par la persistance de leur hypostase ; dans le tout, par la constance des révolutions de son cercle supérieur ; dans l'âme, par la régularité de son mouvement circulaire, qui est la mesure du mouvement de tous les phénomènes ; dans le Temps, dans l'Intelligence, dans l'Éternité, il se retrouve également : au sommet du Fini en soi. » — Cf. Dix Doutes, etc. c. 5.
(2) Comm. Parm. T. V. p. 31. 32.
(3) Th. s. P. liv. III. c. 8. — Elém. Th. prop. LXXXIX.
(4) Comm. Parm. T. V. p. 31.
(5) Elém. Th. prop. XCV.

nies, il n'en est aucune, si l'on excepte l'Infini en soi, qui ait un droit réel à ce titre, lorsqu'on l'envisage relativement aux êtres qui lui sont supérieurs, ou relativement à elle-même (1); mais on doit les regarder comme telles vis-à-vis des êtres qui les suivent. Ceux-ci n'ont qu'une puissance finie, et la reçoivent de la puissance infinie qui les précède, comme celles-ci ont reçu la leur de l'Infini en soi (2). Les puissances, nous l'avons vu, viennent après les essences, et sont déterminées par elles (3); c'est ainsi que des corps infinis en grandeur, les puissances sont infinies (4); que des corps finis en grandeur, les puissances sont finies (5); que les corps simples sont finis sous le rapport de la forme (6), et qu'un corps sensible ne peut, sous aucun rapport, être regardé comme infini (7): néanmoins, parce que les corps sont quelquefois le domicile d'une âme, il peut arriver qu'on croie apercevoir dans un corps sensible une puissance infinie; mais ce n'est pas au corps que l'on doit, dans la réalité, rapporter cette puissance : ce n'est pas à lui qu'elle appartient, elle est incorporelle (7). Disons encore que le Fini et l'Infini ne sont pas des premiers principes (8), et n'agiraient pas l'un sur l'autre, sans la présence et l'autorité d'un principe unique et supérieur (9).

V. *L'Essence intelligible : Être, Vie, Intelligence.*

Nous avons vu que le premier mélange du Fini et de l'Infini produit l'*Être en soi* : c'est donc l'Être qui le premier participe à la propriété divine, et qui, par conséquent, de toutes les créatures, la représente avec le plus d'éclat (11). L'Être, dans sa sommité, imite l'Un dont il dépend; il est, comme lui, simple, indivisible (12), incorruptible (13), éternel (14) et imparticipable (15). Mais on peut dire encore plus : l'Être premier n'est qu'une forme particulière de l'existence de Dieu. Aucun ordre, Intelligence, Ame ou Corps, n'est privé de la présence de Dieu; la monade de l'Intelligence est Dieu, existant intellectuellement; celle de l'Ame est Dieu, vivant sous la forme de l'Ame; celle du corps est Dieu, sensible sous la forme du corps (16).

(1) Elém. Th. prop. XCIII. — Dix doutes, etc. c. 3.
(2) Elém. Th. prop. XCI.
(3) Comm. Républ., p. 424. — Comm. Parm. T. VI. p. 85.
(4) Elém. Phys. liv. II, prop. VII.
(5) Elém. Phys. liv. II, prop. VIII.
(6) Elém. Phys. liv. II, prop. XIV.
(7) Elém. Phys. liv. II, prop. XV.
(8) Elém. Th. prop. XCVI.
(9) Comm. Parm. T. V, p. 30-1.
(10) C'est la conclusion légitime des prop. XI, XII, XIII, du IIe liv. des Elém. de Phys., où l'on démontre que le Fini ne peut agir sur l'Infini, ni l'Infini sur le Fini, ni l'Infini sur l'Infini : donc leur mélange serait impossible sans l'action d'un principe supérieur. Ce qui, du reste, est clairement exprimé Th. s. P. liv. III. c. 8 : « Dieu a tout composé d'un mélange de Fini et d'Infini » — Cf : Du Mal. c. 1.
(11) Elém. Th. prop. CXXXVIII.
(12) Elém. Th. prop. XLVII.
(13) Elém. Th. prop. XLVI.
(14) Elém. Th. prop. XLV, XLIX.—Th. s. P. liv. I, c. 28.
(15) Elém. Th prop. CLXI.
(16) Elém. Th. prop. CXXXIX.—Cf : prop. CLXIV, CLXV, CLXVI.

Voilà l'Être, dans ses rapports avec son auteur ; considérons maintenant ce qu'il est en lui-même : nous dirons ensuite comment il est cause,
et ce que lui doivent ceux qui viennent après lui. Car telle est la méthode
qu'il faut employer en étudiant chaque terme de l'ordre universel (1).

Considéré dans sa nature, l'Être nous apparaîtra ou comme persistant
en soi, ou comme tendant à s'épandre et à produire, ou enfin comme se
repliant vers lui-même (2). Ce qu'il y a de permanent dans l'Être, ce qui en
dehors de l'unité de cet être n'existerait plus, c'est l'Essence ; l'expansion, la puissance infiniment féconde de l'Être, c'est la Vie ; et la réver-
sion de l'Être sur lui-même est l'Intelligence (3). Par rapport à l'Intelligence et à la Vie, l'Essence est ici le principe commun et plus universel (4).

En d'autres termes, l'Être est Vie et Intelligence, la Vie est Essence et
Intelligence, l'Intelligence est Essence et Vie. Tous les trois existent dans
tous les trois, et néanmoins, chacun existe particulièrement en soi-
même (5). L'Être est vie et intelligence, mais *essentiellement* οὐσίως : la
Vie est Essence et Intelligence, mais *vitalement* ζωτικῶς : l'Intelligence est
Essence et Vie, mais *intellectuellement* νοιρῶς (6). Telle est, dans son indivisible Unité, la triplicité de l'essence intelligible (7).

De tout ce que nous venons de dire, il résulte que l'Essence intelligible comprend toute nature antérieure à l'âme, et qu'elle s'étend de l'Un
à l'Intelligence particulière (8). Aucune extension, aucune diminution ne
fait rien changer dans son existence immobile : comme Essence, Vie, Intelligence, ou comme la mystérieuse unité qui contient ces trois termes
ensemble, elle ne peut rien perdre ni rien recevoir (9).

Si nous prenons maintenant un à un chaque terme de la triade Être,
Vie, Intelligence, il nous sera facile de reconnaître que chacun à son
tour est Trinité en même temps qu'Unité. Tout mélange, en effet, suppose trois éléments (10) : le Fini, l'Infini et le résultat de leur union. Il
y aura donc trois Trinités intelligibles : le Fini, l'Infini, l'Être ; le Fini,
l'Infini, la Vie ; le Fini, l'Infini, l'Intelligence ; mais dans chacune les
trois termes ne font qu'un, et toutes les trois ensemble ne font qu'une
seule Unité (11).

Le premier Être est un intelligible de la première intelligence (12); l'intelligence est la même que l'intelligible qui est en elle (13). Mais l'intelli-

(1) Elém. Th. prop. LXV. — Comm. Parm. T. V, p. 151.
(2) Th. s. P. liv. IV, c. 1.
(5) Th. s. P. liv. III, c. 9, IV, 1. — Cf : Comm. Tim., p. 267.
(4) Comm. Parm. T. V, p. 186.
(5) Elém. Th. prop. CIII. — Th. s. P. liv. IV, c. 1.
(6) Th. s. P. liv. III, c. 9.

(7) Comm. Parm. T. IV, p. 184, 207. — Comm. Tim., p. 182.
(8) Comm. Tim., p. 71.
(9) Comm. Tim., 251. — Cf. Th. s. P. Liv. VI, c. 2.
(10) Th. s. P. Liv. III, c. 2.
(11) Th. s. P. Liv. III, c. 9, 11, 12, 15 et 14. — Comm. Parm. T. VI, p. 64.
(12) Comm. Parm. T. IV, p. 113.
(13) Comm. Tim., p. 102.

gence n'est identifiée avec son intelligible qu'autant qu'elle le contemple, en se contemplant soi-même (1), ce qui ne peut avoir lieu sans une sorte de mouvement (2), c'est-à-dire, sans la Vie, qui est le mouvement essentiel (3. Le mouvement, que nous attribuons ici à l'Intelligence, ne détruit pas le repos, la souveraine immobilité qui lui appartient (4): l'intelligence est un mouvement immobile (5).

La première unité-triade, dont l'essence est intelligible, est le chef de l'*ordre intelligible*; la seconde, dont l'essence est intelligible aussi, mais se rapproche déjà de l'intelligence, est le chef de l'*ordre intelligible et intellectuel*; la troisième, dont l'essence est intelligence, est le chef de l'ordre intellectuel (6).

Nous sommes amenés à rechercher quelle est sur leurs inférieurs, et dans la sphère qui leur est propre, l'influence de l'Être, de la Vie et de l'Intelligence.

L'Être, comme Essence, est la cause de tout ce qui *existe* (7). Il ne peut y avoir entre l'essence qu'il communique et celle qu'il a lui-même, aucune différence de nature (8): tout être inférieur est donc, par la vertu du premier, composé d'un mélange de Fini et d'Infini (9). Nous ne voulons pas dire que le mélange de Fini et d'Infini dont est résulté le premier Être, soit pour les autres comme un paradigme à l'image duquel se produisent et se combinent leurs éléments; l'Être, comme Être, est purement cause (10), et c'est dans l'Intelligence que nous trouverons le premier paradigme (11).

L'Être, comme intelligible, produit et contient l'Intelligence (12).

La Vie, comme force d'expansion, donne aux êtres la Vie, c'est-à-dire un mouvement qu'ils accomplissent d'eux-mêmes (13). A ce titre, elle est nécessaire même à l'Intelligence, pour que l'acte intellectuel ait lieu (14).

Comme mesure intelligible, elle est l'Éternité (15), qu'elle communique à ses produits immédiats (16).

L'Intelligence intelligible constitue les autres intelligences (17); et toute la puissance de connaître qu'elles peuvent avoir leur est donnée par leur imparticipable monade (18. C'est encore elle qui leur transmet l'éternité (19), qu'elle-même a reçue directement de la Vie (20); en sorte

(1) Comm. Tim., p. 17, 102.
(2) Comm. Parm. T. VI. p. 142.
(3) Th. s. P. Liv. V, c. 58. — Comm. Parm. T. IV, p. 208-9; VI, 145.
(4) Comm. Parm. T. VI, p. 216. — Comm. Tim., p. 169.
(5) Comm. Tim., p. 217.
(6) Th. s. P. Liv. IV, c. 1.
(7) Th. s. P. Liv. IV, c. 10.
(8) Elém. Th. prop. XVIII. — Cf. Comm. Parm. T. IV, p. 196.
(9) Elém. Th. prop. CII.
(10) Th. s. P. Liv. III, c. 14.

(11) Th. s. P. Liv. III, c. 15.
(12) Comm. Parm. T. IV, p. 200. — Th. s. P. Liv. I, c. 27.
(13) Elém. Th. prop. CII.
(14) Comm. Parm. T. VI, p. 142.
(15) Th. s. P. Liv. III, c. 16.
(16) Comm. Tim., p. 59.
(17) Elém. Th. prop. CLX.
(18) Elém. Th. prop. CII.
(19) Elém. Th. prop. CLXII. — Comm. Parm. T. IV, p. 170.
(20) Elém. Th. prop. CLXII.

que toute intelligence est éternelle, et dans son essence, et dans sa puissance, et dans son action (1).

Toute intelligence, à l'imitation de la première, se comprend soi-même, mais elle comprend aussi celles qui la précèdent; son intelligible est en partie identique à elle-même, en partie différent. L'intelligence imparticipable a ceci de particulier, que son intelligible n'est autre qu'elle-même (2).

Toute intelligence, à l'imitation de la première, peut contempler, concevoir et juger (3); mais celle-ci, à l'exclusion des autres, ne peut concevoir sans créer (4). Prenons-nous l'Intelligence comme le troisième terme identifié avec les deux autres de la Trinité intelligible? sa conception est alors l'éternel paradigme (5). La prenons-nous au contraire comme la Trinité intellectuelle? nous le nommons avec Platon, le *démiurge* (6), et sa conception est l'Univers (7) (τὸ πᾶν).

Le Paradigme contient les *idées* premières (8), mais coexistant identifiées au sein de leur monade (9); l'intelligible ne saurait renfermer un véritable nombre (10). Les *idées*, toujours sous la forme d'une monade, mais déjà distinctes les unes des autres (11), coexistent dans l'Intelligence démiurge (12). Nous pourrions donc en parler ici, puisqu'à ces deux titres elles appartiennent à l'ordre intelligible; mais d'un autre côté, le Paradigme n'est que le troisième terme de la Trinité intelligible (13), le Démiurge n'est que le troisième terme de la Trinité intellectuelle (14). Les *idées* sont donc à la fois et de l'ordre intelligible qui les produit, et de l'ordre sensible qu'elles produisent. Il sera donc plus convenable de traiter des *idées*, ainsi que du Paradigme et du Démiurge, au commencement de la Physiologie.

Nous aurons achevé ce qui concerne l'Intelligence, en exposant le développement de son ordre. Au sommet, l'Intelligence imparticipable distincte de tous les genres particuliers; puis l'Intelligence participable, supérieure aux âmes divines qui en reçoivent les émanations; enfin l'intelligence qui habite dans les âmes, et les perfectionne en les façonnant à son image (15).

(1) Elém. Th. prop. CLXIX. — Comm. Alc. T. II, p. 265. — Comm. Tim., p. 78.
(2) Elém. Th. prop. CLXVII. — Comm. Tim. p. 102.
(3) Comm. Parm. T. VI, p. 15.
(4) Comm. Parm. T. V, p. 144.
(5) Platon l'appelle l'animal en soi. Voyez le Timée. — Th. s. P. liv. III. c. 15, 16.
(6) Comm. Tim. p. 22. — Th s. P. liv. V, c. 15.
(7) Comm. Pim. p. 81, 82.

(8) Th. s. P. liv. III. c. 14.
(9) Comm. Parm. T. IV. p. 197-8.
(10) Th. s. P. liv. III. c. 14.
(11) Elém. Th. prop. CLXXVI.
(12) Comm. Parm. T. IV, p. 28, 197-8.
(13) Th. s. P. liv. III. c. 13.
(14) Th. s. P. liv. V, c. 15.
(15) Comm. Alcib. T. II, p. 178. — Comm. Parm. T. IV, p. 108. — Elém. Th. prop. CXI, CLX, CLXVI.

VI. L'Ame.

Nous venons d'exposer les caractères de l'Essence intelligible : elle possède la plénitude de l'Être, et la manifeste ; sa Vie, est la première Eternité ; elle est indivisible, immobile, souverainement parfaite ; ses différents termes se pénètrent sans se confondre , et forment une seule Unité distincte de ses produits. Nous verrons tout à-l'heure que les caractères de la nature sensible sont précisément opposés à ceux de l'essence intelligible ; que les sensibles n'ont pas véritablement l'Être, ne possèdent qu'une émanation de la Vie, une image de l'Éternité, qu'ils sont étendus, mobiles, etc. Il doit y avoir entre ces deux ordres séparés par des diversités si complètes, un ordre intermédiaire, qui ne soit l'un ni l'autre, et se rapproche de tous deux ; qui soit inférieur à l'Être véritable, et supérieur à |ce qui n'est pas ; qui ait une essence éternelle, et ne puisse agir que dans le temps ; indivisible, au point de vue de sa nature divine, et divisible sous celui de ses opérations ; cause de son propre mouvement, supérieur aux êtres qui ne peuvent se mouvoir, inférieur aux êtres qui sont essentiellement immobiles ; universel et particulier tout à la fois ; universel, comme réunissant en soi des facultés diverses ; particulier, comme n'ayant que des actes successifs ; travaillant de soi-même à sa perfection, perfectionné aussi par les émanations de ses supérieurs, et plus parfait que les êtres qui ne peuvent rien pour eux-mêmes ; essentiellement vivant, mais par le don de la Vie en soi, et ainsi placé au-dessous de ce qui possède la Vie première, au-dessus de ce qui peut seulement y participer ; entièrement distinct des êtres matériels, et pourtant coordonné avec eux (1). Nous avons décrit l'âme.

Et tel est en effet son véritable rang. Il y a d'infidèles disciples de Platon, Sévère, par exemple, qui lui attribuent l'étendue géométrique ; il y en a d'autres, comme Eratosthènes, qui veulent au moins qu'elle soit en même temps corporelle et incorporelle (2) ; ils entendent mal ce que le maître a dit de la composition de l'Ame. Que dire des Stoïciens , qui la divisent en huit parties , toutes corporelles , et qui n'admettent pas

---

(1) Comm. Tim. p. 178, 179 : ... Μέσα δ' οὖν τούτων ἐστὶ τῶν ἄκρων, τὸ οὐκ ὄντως ὄν, κρεῖττον μὲν ὂν τοῦ μὴ ὄντος, ὑφειμένον δὲ τοῦ ὄντως ὄντος· τὸ κατ' οὐσίαν μὲν πῆ ὂν αἰώνιον, τὰς δὲ ἐνεργείας ἐν χρόνῳ ποιούμενον· τὸ ἀμέριστον μὲν, κατὰ τὸ ἐν αὐτῷ θειότατον, μεριζόμενον δὲ κατὰ τὴν παντοίαν τῶν λόγων πρόοδον· τὸ αὐτὸ ἑαυτὸ κινοῦν, τῶν μὲν ἑτεροκινήτων δεσπόζον, τῶν δὲ ἀκινήτων ὑφειμένον· τὸ μετά τι ὁλότητος καὶ μερικῶς ἐμφαῖνον· κατὰ μὲν τὸ πάντας ἔχειν τοὺς λόγους, ὅλον πως ὄν, κατὰ δὲ τὴν ὑφεσιν, καὶ τὸν μερισμὸν, καὶ τὴν μετάβασιν τῆς ἐνεργείας, μερικὸν φαινόμενον· τὸ καὶ ἑαυτὸ τελειοῦν, καὶ ὑπὸ τῶν πρὸ αὐτοῦ τελειούμενον, καὶ τελειότερον ὂν τῶν ὑπ' ἄλλου μόνου τελειουσθαι πεφυκότων· τὸ αὐτόζων, καὶ ὑπὲρ ἄλλων ζωὴν ὑποδεχόμενον, θειότερον ὂν τῶν κατὰ μέθεξιν μόνον ζώντων, καταδεέστερον δὲ τῶν πρώτως ἐχόντων τὸ ζῆν· τὸ ἐξηρημένον τῶν ἐσχάτων τε, καὶ συντεταγμένον αὐτοῖς. — Cf : Elém. Th. prop. CLXXXIII, CLXXXVI, CLXXXVIII, CLXXXIX.—Comm. Tim. p. 250.

(2) Comm. Tim. p. 186.

la fusion de ces huit parties dans l'unité de l'Ame (1) ? Médius, si l'on en croit ce que raconte Porphyre de sa conversation avec Longin, voyait aussi dans l'âme huit parties, mais incorporelles : un pouvoir dirigeant, cinq espèces de sensations, une faculté génératrice, et un moyen d'expression, le langage (2). Celui-là du moins ne rabaisse pas l'âme jusqu'à la ranger parmi les corps. Il eût mieux fait néanmoins de s'en tenir aux trois facultés différentes que Platon signalait dans l'unité de l'âme, λόγος, θυμός, ἐπιθυμία (3) ; le λόγος, qui est l'ensemble des facultés intellectuelles, montre que l'âme tient de l'intelligence ; le θυμός, qui représente l'énergie au service de la raison, et parfois aussi de la passion, unit le λόγος à l'ἐπιθυμία ; celle-ci est, comme l'appelle Socrate, la bête à plusieurs têtes ; c'est par elle que le corps agit sur l'âme, la fascine et la dégrade ; c'est elle qui rattache l'âme, souvent d'une manière trop intime, à la nature corporelle (4). Mais ces trois facultés sont de la même nature ; elles viennent de l'intelligible (5). Aussi sont-elles, comme tous les intelligibles qui s'unissent (6), identifiées ensemble (7). Et l'âme, par sa nature, est véritablement où nous la plaçons, c'est à-dire parmi les Premiers Etres (8). Nous ajoutons qu'elle en termine la série, et qu'elle ouvre celle des existences phénoménales (9).

Elle procède immédiatement de l'Intelligence (10), et, comme dit Orphée, sa tête y demeure,

. . . . . Κεφαλὴν ἐνιδρύσασα τῷ νῷ (11).

Elle est éternelle, puisqu'elle compte parmi les êtres ; elle est dans le temps, puisqu'elle compte parmi les phénomènes (12). C'est pourquoi Platon la disait impérissable plutôt qu'éternelle (13). L'éternité, d'ailleurs, n'appartient qu'à son essence ; car ses actes, qui sont successifs, ont nécessairement lieu dans le temps (14). Elle est à la fois immobile et mobile : car elle se meut de soi-même, c'est son caractère le plus essentiel (15); or, ce qui se meut soi-même est en mouvement, et ce qui donne le mouvement est immobile (16). C'est l'âme qui meut les corps et la nature matérielle (17). Elle est divisible et indivisible, car elle tient ses diverses facultés de causes différentes, et néanmoins rien dans la distinction de ses parties ne rappelle la séparation et l'isolement qui constituent

(1) Comm. Républ. p. 415.
(2. Comm. Rép. p. 415 : Τὸ ἡγεμονικὸν, πέντε αἰσθήσεις, σπερματικόν, φωνητικόν.
(3) Comm. Rép. p. 415, 416.
(4) Comm. Rép. p. 414.
(5) Comm. Parm. T. IV, p. 71.
(6) Comm. Parm. T. IV, p. 184, 207.
(7) Comm. Rép. p. 415. — Cf : Comm. Tim. p. 190, 201, 208.
(8) Elém. Th. prop. CXCII.
(9) Elém. Th. prop. CVII, CXCII. — Comm. Tim. p. 251.
(10) Elém. Th. prop. CXCIII.
(11) Comm. Tim. p. 208.
(12) Comm. Tim. p. 178.
(13) Ἀνώλεθρον μὲν, οὐ μέντοι αἰώνιον. Com. Tim. p. 257.
(14) Elém. Th. prop. CXCI.
(15) Comm. Tim. p. 214. — Comm. Parm. T. VI, p. 119. — Comm. Alcib. T. II, p. 41.
(16) Comm. Tim. p. 215. et Cf. p. 542.
(17) Comm. Tim. p. 276. — Comm. Parm. T. 5, p. 287-8.

la division véritable (1). Elle est donc bien, comme nous l'avons reconnu, l'intermédiaire légitime entre l'essence intelligible et la nature sensible (2), image de l'une et paradigme de l'autre (3).

Et ce n'est pas seulement l'intelligence qu'elle représente : constituée par l'intelligence qui la produit en vertu même de son être, l'Ame devait reproduire, en la forme qui lui est propre, sa cause immédiate et distincte (4). Mais elle représente, ainsi que nous l'avons dit, l'essence intelligible tout entière : car l'intelligence ne pouvant rien sans la Vie, la Vie sans l'Etre, et l'Etre sans l'Un (5), c'est, à vrai dire, l'Un, l'Etre, la Vie et l'Intelligence, qui sont les causes de l'Ame (6); et l'Ame est une certaine unité, qui a son essence, sa vie, son intelligence, ou qui est, pour parler plus exactement, tout à la fois essence, vie, intelligence, unité (7).

Fille de l'Intelligence, l'Ame se fait reconnaître surtout à son caractère intellectuel. Tout ce qui est capable d'intelligence et de science, ou seulement d'imagination et de foi, est pour nous une âme (8). Le Bien pour l'Ame est dans l'Intelligence (9); c'est à l'intelligence que l'âme doit tendre comme à sa fin (10). A l'image de l'intelligence, elle connaît tout en se repliant sur soi-même (11); elle peut, comme elle, connaître le divisible et l'indivisible (12); mais elle ne connaît pas de la même manière que l'Intelligence. Celle-ci comprend tout par une intuition immédiate et complète; l'âme, par une succession d'actes différens (13). Et voilà pourquoi nous avons assigné pour mesure, aux actes intellectuels, l'Eternité, à ceux de l'âme, le Temps (14). Il n'en reste pas moins à l'âme le noble privilége de pouvoir, par les forces qui lui sont propres, arriver à la connaissance de la vérité : c'est une conséquence de la place élevée qu'elle occupe dans l'ordre universel, où nous la voyons en contact immédiat avec les sommités de l'Être (15).

La série des Ames reproduit les formes de celle des Intelligences. La première Ame est l'Ame imparticipable ou divine (16), ou, si l'on veut, Dieu même, se manifestant sous la forme de l'Ame (17). Puis vient l'Ame participable, à laquelle se rattachent immédiatement les Ames inférieures (18). Celles-ci appartiennent à deux degrés d'importance inégale (19):

---

(1) Elém. Th. prop. CXC.
(2) Comm. Alcib. T. III. p. 80. — Comm. Tim. p. 122, 317. — El. Th. prop. CVI.
(3) Comm. Parm. T. IV, p. 171. — El. Th. prop. CXCV.
(4) Elém. Th. prop. CXCIV.
(5) Du Mal, c. I.
(6) Comm. Parm. T. VI, p. 224.
(7) Elém. Th. prop. CXCVII.
(8) Comm. Tim. p. 257 : Πᾶν οὖν τὸ δεκτικὸν νοῦ, ἐπιστήμης, καὶ δόξης καὶ πίστεως, ψυχή ἐςι

(9) Comm. Alcib. T. II, p. 8.
(10) Comm. Parm. T. V, p. 59.
(11) Comm. Tim. 229.
(12) Comm. Tim. 231.
(13) Comm. Parm. T. VI, p. 156-7.—Comm. Tim. p. 247.
(14) Comm. Parm. T. IV, p. 170.
(15) Comm. Tim. p. 70.
(16) Elém. Th. prop. CLXXXIV.
(17) Elém. Th. prop. CLXXXV.
(18) Comm. Parm. T. IV, p. 172.
(19) Elém. Th. prop. CLXXXV, CCIII, CCIV.

les premières se maintiennent toujours, par leur persévérance à suivre les Dieux, dans le rang qui leur est propre; les autres tombent dans la génération, pour en sortir, y tomber, s'en retirer encore (1). Elles seront tout-à-l'heure l'objet de notre étude, et c'est l'un des points les plus graves qui nous restent à traiter, dans l'exposition, que nous abordons, de la seconde partie du système de Proclus, ou la Physiologie.

DEUXIÈME PARTIE.

PHYSIOLOGIE.

Qu'est-ce que la nature (φύσις)? Quelle est son origine, son rang, sa fonction? Parmi les anciens, Antiphon disait que la nature, c'était la matière; Aristote, la forme; quelques philosophes antérieurs à Platon, le tout. Selon plusieurs péripatéticiens, la Nature est l'ensemble de ces forces qu'on appelle pesanteur ou légèreté, raréfaction ou condensation, etc.; selon d'autres, elle est l'art de Dieu; selon d'autres encore, elle est l'âme. Platon voit dans la nature la force intermédiaire entre l'âme et les corps; elle occuperait ainsi le dernier rang parmi les essences incorporelles, et serait la cause immédiate qui produit, conserve et dirige les êtres sensibles (2). L'oracle avait dit, avant Platon :

Ἄρχει δ' αὖ φύσις ἀκαμάτη κόσμων τε καὶ ἔργων,
Οὐρανὸς ὄφρα θέῃ δρόμον ἀΐδιον κατασύρων (3).

L'étude des êtres qui sont sous l'empire de la nature, et dont l'ensemble compose cet univers visible, est ce que nous nommons la Physiologie (4).

Cette seconde partie de 'a philosophie (5) est la suite nécessaire de la première. Toute la génération, en effet, se rattache à l'essence éternelle, comme à sa cause; Platon ne veut pas qu'on l'en sépare, et c'est là, selon nous, un des caractères distinctifs de sa doctrine (6). Il a bien

(1) Élém. Th. prop. CCVI.
(2) Comm. Tim. p. 4.
(3) Ibidem.
(4) Comm. Tim. p. 4.—Telle est la valeur du mot φύσις dans la langue philosophique de Proclus. Mais il avertit expressément qu'il ne renonce pas aux locutions κατὰ φύσιν, φύσει, pour désigner l'action quand elle est la conséquence naturelle de l'essence d'un être, lors même que cet être serait intelligible, ibid.
(5) Comm. Tim. p. 4.
(6) Comm. Tim. p. 347.

vu que tout ce qui arrive à l'être n'y peut arriver que par l'action d'une cause, et que toute causalité remonte naturellement à Dieu (1); que l'univers et son Démiurge ne sont qu'un rayonnement de la Providence divine (2) ; que la cause immédiate du monde lui transmet seulement les dons de la cause supérieure (3); que les visibles enfin ne sont qu'une pâle image des ordres invisibles (4) ; et de là il a eu raison de conclure que, la nature entière subsistant par les Dieux, la Physiologie est une dépendance de la Théologie (5).

Ces deux sciences, nous le croyons avec lui, sont inséparables ; et souvent il arrive qu'elles semblent se confondre. Le philosophe qui assiste en esprit à la naissance divine du monde créé par le Démiurge, se figure aisément qu'il pénètre les secrets de la Théologie même (6).

La physiologie, strictement considérée dans le point de vue qui lui est propre, ne renferme que trois éléments : la matière; les *idées* engagées dans la matière ; la force générale qui façonne la matière à l'image des *idées*. Mais il est évident que la science physiologique est incomplète, si elle ne comprend que les agents secondaires de l'organisation du monde, et si elle ne nous montre au-dessus de lui sa cause efficiente, son paradigme, et sa cause finale (7).

C'est ainsi que le veut Platon : Après l'Un ineffable, cause finale de l'Univers, il aperçoit l'essence intelligible, qui en contient le paradigme; puis l'intelligence, qui en est le démiurge; au dessous, l'Univers, Ciel et génération. Aristote, au contraire, supprime tout à la fois l'Un et le paradigme; il ne voit rien au-dessus de l'Intelligence, qui est à ses yeux cause finale, paradigme et démiurge du monde (8). Mais ceci est peu conforme à la nature des choses; nous ne reconnaissons pas cette théologie, si différente de celle que nous avons exposée. Le Premier, c'est l'Un, nous l'avons démontré; de lui vient l'essence éternelle; de celle-ci à son tour doit sortir la nature, avec ses phénomènes mesurés par le temps (9). Il est facile alors de suivre, en partant du principe suprême, la chaîne universelle, et d'en reconnaître l'un après l'autre tous les éléments, chacun à la place que lui assigne sa dignité relative : d'abord les premiers êtres, semblables à l'Un, éternels, incorporels; ensuite ceux des êtres corporels qui sont en communication incessante avec les précédents; au plus bas degré, ceux qui jouissent quelquefois, et souvent sont privés des illuminations des premiers (10). En d'autres termes, l'ordre divin, où

(1) Comm. Tim. p. 80.]
(2) Comm. Tim. p. 36.
(3) Comm. Tim. p. 41.
(4) Comm. Parm. T. IV, p. 116.—Comm. Tim. p. 50.
(5) Comm. Tim. p. 65.
(6) Comm. Tim. p 67.
(7) Comm. Tim. p. 1, 80.
(8) Comm. Tim. p. 90, 125.
(9) Comm. Tim. p. 91.
(10) Elém. Th. prop. CXLII. CXLIII.—Comm. Tim. p. 50.

domine l'unité (ἕνωσις), est suivi de l'ordre des intelligences, où se manifeste déjà la distinction (ἑτερότης); de celui des âmes, caractérisé par la division des forces (διαίρεσις); enfin de l'ordre des corps, où se trouve l'étendue, c'est-à-dire, la divisibilité des parties (διάστασις) (1).

Nous ne reviendrons pas sur la cause finale du monde, qui n'est autre que la cause finale, une, préexistante à l'éternité même, c'est-à-dire le Bien en soi (2); mais nous reparlerons de l'intelligible, pour reconnaître en lui le Paradigme de l'Univers (3); de l'Intelligence pour y trouver le Démiurge (4); et dans le Démiurge, les idées (5); de l'Ame, pour la montrer animant l'Univers entier (6), chacune des sphères qui le composent (7), chacun des astres que comprennent les sphères (8), et chacun enfin des hommes qui vivent ici bas (9). Le Temps, qui est né avec les révolutions du ciel (10), les corps célestes, les corps périssables et la matière, dont nous traiterons ensuite, sont le domaine propre de la Physiologie.

I. *Le Paradigme universel.*

Dans l'Univers, on peut le dire, tout est dans tout (11) : les êtres célestes se retrouvent sur la terre, car ils y subsistent dans leurs images; les terrestres sont au ciel, car ils y vivent déjà dans leurs causes (12). Or, chaque être sensible est constitué en vertu d'une *idée* (13); les *idées* elles-mêmes co-existent dans leur unité (14); cette unité est le paradigme du monde (15).

Le monde a un paradigme (16). En effet, des quatre éléments dont le monde se compose (17), les quatre *idées* existent dans l'intelligible (18); ces *idées* s'identifient pour agir comme cause unique (19), et cette cause, à l'image et par la vertu de laquelle tout sera constitué, c'est le paradigme universel (20).

Le paradigme est l'intelligible de l'intelligence créatrice du monde; il est unique, il est parfait (21), il est éternel (22). Divin ou mortel, aucun être ne sera dans le monde, que d'après et par lui (23); et pour-

(1) Comm. Tim. p. 12.
(2) Comm. Tim. p. 1.
(5) Th. s. P. liv. III, c. 15.
(4) Th. s. P. liv. V, c. 12.
(3) Comm. Parm T. IV, p. 198.
(6) Th. s. P. liv. I, 14.
(7) Ibidem.
(8) Comm. Tim. p. 275.
(9) Comm. Alcib. T. II, p. 45.
(10) Comm. Tim. p. 75, 256, 551.
(11) Comm. Alcib. T III, p. 278-9.
(12) Comm. Alcib. T. III, 278.
(13) Comm. Parm. T. V, p. 156.

(14) Comm. Parm. T. V, p. 154.
(15) Th. s. P. liv. III, c. 27.
(16) Comm. Tim. p. 98.
(17) Comm. Tim. p. 55, 131-2.
(18) Th. s. P. Liv. III, c. 19. — Comm. Tim., p. 280.
(19) Th. s. P. Liv. IV, c. 29.
(20) Th. s. P. Liv. III, c. 19, 27.
(21) Th. s. P. Liv. III, c. 15, 27.
(22) Th. s. P. Liv. III, c. 16. — Comm. Tim. 272.
(23) Th s. P. Liv. III, c. 27.

tant, toujours identique à lui-même (1), le paradigme persiste en soi, et ne s'use point par l'immensité de son action (2).

Les mêmes raisons qui démontrent l'existence du paradigme, fixent en même temps la place qu'il doit occuper parmi les essences éternelles. S'il y a des *idées* antérieurement à l'Intelligence (3), elles sont dans l'Intelligible (4), et n'y peuvent être que sous la forme d'une cause unique (5). Nous devions donc placer, comme nous le faisons, le paradigme avant le Démiurge (6). Mais il ne faut pas l'élever au-dessus du dernier rang des intelligibles (7). Platon le nomme, il est vrai, le *plus beau des intelligibles*, mais il parle des *intelligibles vivants*, et non des intelligibles en général (8).

Suivons maintenant le paradigme dans son action, et voyons quelle sorte d'influence il exerce sur l'univers. Il est à remarquer d'abord que, placé si haut parmi les causes générales, le paradigme aura, même sur ses effets les plus éloignés, un ascendant plus marqué que leurs causes immédiates et particulières (9). Telle est même la nature des émanations du paradigme, qu'elles soutiennent, comme sujet, les émanations des causes qui agissent après lui et sous sa dépendance (10). De là une autre puissance du paradigme : il doit compter, on le voit, parmi les êtres supérieurs qui contribuent le plus énergiquement à unir ensemble les différents ordres et les diverses parties du monde (11).

Mais, ce qui marque plus spécialement sur l'univers l'empreinte de son paradigme, c'est la Beauté qu'il en reçoit (12). L'unité du monde lui vient, en dernière analyse, de l'unité suprême, qui est Dieu ; sa ressemblance avec son archétype lui est communiquée par le Démiurge ; mais la Beauté lui est donnée par le paradigme (13), qui a particulièrement parmi les intelligibles la mission de la répandre (14).

Et puisque la Beauté est le caractère divin qui attire le plus puissamment vers leur auteur tous les êtres créés (15), rangeons encore le paradigme parmi les causes qui coordonnent les êtres, pour les rallier tous ensemble dans le sein de l'unité première (16).

Tel est le paradigme à l'image duquel le monde est ordonné avec tous les genres qu'il contient, divins ou mortels. On pourrait demander pourquoi, le paradigme étant d'une nature immuable et toujours iden-

(1) Comm. Tim, p. 82.
(2) Comm. Tim., p 20.
(3) Comm. Tim., p. 98.
(4) Th. s. P. Liv. III. c. 14.
(5) Comm. Tim., p 59, 110.
(6) Comm. Tim., p. 98.
(7) Th. s. P. liv. v, c 12.
(8) Comm. Tim. p. 152.
(9) Elem. Th. prop. LXX.

(10) Elém. Th. prop. LXXI.
(11) Th. s. P. liv. VI, c. 5, 4.
(12) Comm. Tim., p. 81.
(13) Comm. Tim., p. 82.
(14) Th. s. P. liv. III, c. 15.—Comm. Tim., p. 82, 102.
(15) Comm. Alcib. t. II, p. 85.
(16) Comm Tim., p. 46.

tique à elle-même (1), le monde renferme des êtres de nature différente, d'inégale dignité : la raison en est que les images, selon qu'elles se trouvent plus ou moins éloignées de leur archétype, le reproduisent plus ou moins fidèlement (2). De là une variété, une hiérarchie, qui était nécessaire pour l'harmonie du monde (3).

II. *Le Démiurge.*

Le premier Démiurge est l'Intelligence, troisième terme de la Trinité intellectuelle (4). Incorporel, inétendu, il est purement intelligence (5), mais intelligence remplie d'en haut par l'intelligible (6). Cherchons-nous à pénétrer sa nature? nous n'y voyons que *conceptions* immatérielles, et nous le déclarons immuable en essence et en acte. Toute idée indivisible est éternelle; tout éternel est immuable; or toute intelligence est indivisible, simple et inengendrée; toute intelligence est donc immuable, et principalement le Démiurge, qui touche de si près à la Première (7). Le Démiurge est Dieu, Intelligible et Intelligence (8); et tout ce que contient l'univers, parties essentielles et durables ou phénomènes passagers, tout est son ouvrage (9).

L'Intelligence démiurgique n'échappe point à la loi générale, qui veut que, dans tout être réel, on distingue le Fini et l'Infini (10). Quoiqu'il ne faille pas introduire les énigmes mythiques dans la physiologie (11), nous emploierons ici les mots des théologiens (12) pour signaler ce double aspect du Démiurge : ils l'appellent πατήρ et ποιητής. Le premier nom désigne le Fini qui est en lui, et par lequel il constitue les essences, les touts, les êtres simples; le second se rapporte à sa puissance infinie, qui ne cesse d'agir et de se manifester par les produits les plus variés et les plus complexes (13). On peut donc reconnaître dans le Démiurge le Père, ou le Fini, la Puissance, ou l'Infini, l'Intelligence, ou le mixte (14).

Telle est la Trinité démiurgique : Platon l'admettait (15). Le premier terme en représente l'essence, persévérant en soi; le second, la fécondité inépuisable; le troisième, la force d'attraction qui ramène vers le Démiurge les êtres qui en sont sortis (16). Ces trois termes nous montrent encore le Démiurge subsistant à part de l'univers, s'unissant à lui sans

---

(1) Comm. Tim., p. 59, 110.
(2) Th. s. P. liv. III, c. 27.
(3) Comm. Tim., p. 52.
(4) Th. s. P. liv. v, c. 12, 15, 16. — Comm. Tim., p. 136.
(5) Comm. Tim., p. 120.
(6) Comm. Tim. p. 22, 24.
(7) Comm. Parm. t. IV, p. 206.
(8) Comm. Tim., p. 115.

(9) Comm. Tim., p. 110. — Th. s. P. liv. v, c. 16.
(10) Comm. Parm. t. v, p. 51.
(11) Comm. Tim., p. 82.
(12) Th. s. P. liv. I, c. 29.
(13) Th. s. P. liv. v, c. 16.
(14) Th. s. P. liv. v, c. 16.
(15) Th. s. P. liv. v, c. 14.
(16) Th. s. P. liv. VI, c. 6.

s'y confondre, et s'y mêlant enfin pour présider aux diverses combinaisons des parties (1). Mais la Trinité du Démiurge, à l'image des Trinités intelligibles, se résout en une seule unité (2); le Démiurge est triple, sans doute, mais auparavant il est un (3).

Sous ce rapport, il est ineffable (4). Dernier terme de la Trinité intellectuelle, il est d'ailleurs constitué au sein de l'intelligible (5); le Démiurge ne vient qu'après le Paradigme, sans lequel il serait impuissant, et qui produit un plus grand nombre d'effets (6). Mais comme le Démiurge est intelligence, il n'a besoin que de regarder en soi-même pour contempler le Paradigme (7). A ce point de vue, le Paradigme pourrait compter le Démiurge parmi ses émanations (8); aussi le Démiurge est-il dans l'ordre intellectuel, ce qu'est le Paradigme dans l'ordre intelligible (9). Le Paradigme était le plus beau des types, le Démiurge sera la plus belle des causes, et nous verrons bientôt, comme conséquence, que l'univers est la plus belle des images (10).

Le rang du Démiurge ainsi clairement établi, nous pouvons réfuter assez facilement les opinions de quelques philosophes, qui, ou le rejettent simplement, ou lui assignent une place qui n'est pas la sienne; les Épicuriens n'admettent pas le Démiurge; le monde serait de toute éternité. Les Stoïciens reconnaissent le Démiurge, mais le croient inséparablement uni à la matière. Les Péripatéticiens veulent bien l'en distinguer, mais ils tombent dans une autre erreur, lorsque ne voulant rien concevoir au-dessus de lui, ils suppriment le Paradigme et l'Un, et font du Démiurge, non la cause efficiente, mais la cause finale de l'univers. Nous devons à Platon et à Pythagore la vérité sur le Démiurge, telle que nous l'avons exposée (11). Nous n'irons pas confondre, comme le fait Aristote, le Démiurge avec le Bien suprême; le Bien est sans doute la cause de tous les êtres, mais il n'est pas Démiurge; la Démiurgie, Platon nous l'apprend (12), n'a lieu que pour la génération (13). Seulement, dans la limite de ses attributions, le Démiurge représente l'Un; dans la création de l'Univers visible, le Démiurge serait analogue à l'Un, l'*idée* au Fini, la matière à l'Infini, les phénomènes au Mixte (14): le Démiurge du Timée est réellement pour ce monde, ce qu'est l'Un du Parmémide pour l'universalité des êtres (15).

Comme appartenant à l'ordre divin, le Démiurge possède la Bonté,

(1) Comm. Tim. p. 27.
(2) Th. s. P. liv. v, c. 14. — Comm. Parm. t. iv. p. 153.
(3) Th. s. P. liv. 1, c. 14. — Comm. Tim. p. 94. — Comm. Parm. iv, p. 196.
(4) Th. s. P. liv. iv, c. 11.
(5) Comm. Tim. p. 95.
(6) Comm. Tim. p. 118.
(7) Comm. Tim. p. 98.
(8) Comm. Tim. p. 98.
(9) Comm. Tim. p. 99.
(10) Comm. Tim. p. 102.
(11) Comm. Tim. p. 81-2.
(12). Plat. in Philebo. — Cf. Trendelenburg, de Pl. Philebi consilio, p. 12, 13.
(13) Comm. Tim. p. 80.
(14) Comm. Tim. p. 80.
(15) Comm. Parm. t. iv, p. 55.

la Volonté, la Providence ; comme dépendant de l'ordre intelligible, il est essence, puissance et acte ; comme intelligence, il est essentiellement vivant, et connaît les universels (1). La bonté fera éclater en lui la puissance de produire, la volonté dirigera l'acte de la puissance vers le Bien intelligible ; la Providence achèvera de le rendre parfait, et capable d'enfanter le monde (2).

La Démiurgie doit avoir nécessairement quatre degrés d'inégale importance : le Démiurge ordonnera d'abord universellement, et, en second lieu, particulièrement l'univers ; il ordonnera ensuite universellement, puis particulièrement les parties (3). Mais nous devons signaler une à une toutes ses opérations.

L'Intelligence démiurgique fait naître l'Intelligence, l'Ame et la Vie du monde (4) ; avec le concours de la nécessité elle engendre le corps (5). Les espèces mortelles apparaissent (6) ; enfin elle prépare, ordonne et distribue la matière (7) ; elle fait rayonner de son sein les *Idées* (8), et montre ainsi qu'elle seule donnera la *Forme* aux Êtres inférieurs (9) ; elle met l'Intelligence dans l'Ame, et l'Ame dans le Corps (10). Assignant alors à chaque ordre son domaine et son rang (11), après lui avoir donné son essence et ses facultés (12) ; lui communiquant, avec la substance, la fécondité qui multiplie les effets, et l'aspiration vers le supérieur qui rattache à la cause (13) ; imposant aux âmes en particulier la contrainte d'entrer dans la génération, qui les soumet jusqu'à un certain point aux lois fatales, sans les soustraire à celles de la justice (14), elle accomplit son œuvre, et l'univers existe. Il est Un, mais composé d'ordres divers, dont chacun est contenu dans une monade différente ; parfait, car chacune de ces monades est parfaite (15), et l'Intelligence qui les dispose est parfaite également (16) ; semblable enfin à l'éternel Paradigme (17).

On voit que le Démiurge, en communication éternelle avec la divinité supérieure, en doit transmettre éternellement les dons à la nature (18) ; qu'il produit toujours (19), et toujours tout (20) ; qu'il donne incessamment au monde l'unité, la substance et l'ordre (21) ; qu'il est présent à tous les êtres pour les animer (22) ; que rien n'échappe à sa vue, et par conséquent

(1) Comm. Tim. p. 113.
(2) Th. s. P. liv. v, c. 17.
(3) Th. s. P. liv. v, c. 12.
(4) Th. s. P. liv. v, c. 15, 20.
(5) Comm. Tim. p. 95.
(6) Comm. Tim. p. 309.
(7) Th. s. P. liv. v, c. 17.
(8) Comm. Parm. t. iv, p. 198.
(9) Comm. Tim. p. 82.
(10) Th. s. P. liv. v, c. 15.
(11) Th. s. P. liv. v. c. 17.
(12) Comm. Tim. p. 85.

(13) Th. s. P. liv. vi, c. 6.
(14) Th. s. P. liv. v. c. 19.
(15) Th. s. P. Liv. V, c. 20.
(16) Comm. Tim., p. 6.
(17) Comm. Parm. T. VI, p. 192. — Comm. Tim., p. 81.
(18) Comm. Tim., p. 24.
(19) Comm. Parm. T. VI, p. 256.
(20) Comm. Tim., p. 68.
(21) Comm. Tim., p. 97.
(22) Comm. Tim., p. 34.

à sa Providence (1), et que l'opposition même et la guerre inhérente à la génération ne peuvent être que le développement de quelque puissance une du Démiurge (2). Il est superflu d'ajouter que le Démiurge produit dans un but et d'après une règle (3).

Or, la règle qui préside à toutes ses créations, c'est la bonté (4). Dieu est le bien en soi; le Démiurge qui, sous la main de Dieu, produit et ordonne le monde, imite, autant qu'il est en lui, la nature de la première opération divine: ses œuvres sont selon Dieu (5). Ceci nous ramène à une conséquence que nous avons rencontrée tout-à-l'heure: le Démiurge ne cessera jamais de produire et ne détruira jamais ce qu'il aura produit (6). La bonté ne désorganise pas; la destruction est l'œuvre du mal (7).

Il est également vrai que le Démiurge n'a pas commencé à produire: il est, il produit. Comment admettre que, concevant de toute éternité la création qu'il peut accomplir, il ait volontairement différé (8,? Nous ne pouvons lui supposer le besoin de comparer, de réfléchir (9); nous ne pouvons penser qu'entre plusieurs modèles, il hésite, et ne se détermine qu'après délibération (10). Non: c'est en vertu même de son existence, qu'il est organisateur de l'univers (11). Ce n'est pas que nous ne connaissions des êtres qui aient la double puissance et de produire un effet par cela seul qu'ils sont, et d'en produire un autre par un acte volontaire et libre: l'âme humaine, par exemple, est maîtresse de ses déterminations; et en même temps, par une propriété sur l'emploi de laquelle sa volonté ne peut rien, elle communique la vie, par sa présence même, au corps qui la reçoit. Il est si vrai que dans l'exercice de cette dernière puissance la volonté ne joue absolument aucun rôle, qu'elle ne peut rien dans la suite, ou pour l'interruption ou pour la prolongation de la vie (12). Le Démiurge, sans doute, veut faire ce qu'il fait (13); il le veut et le conçoit (νοεῖ); il le conçoit et l'exprime (λέγει, λόγος); mais en lui, vouloir, concevoir, exprimer, ce n'est qu'un seul acte (14): en dehors des *conceptions* (νοήσεις) du Démiurge, il n'y a rien à découvrir en lui (15); sa conception est identique à son *Verbe* (Λόγος) (16); son verbe est production, et nous exprimons tout d'un seul mot quand nous disons: que, par cela seul qu'il existe, il produit (17).

Lors donc que nous distinguons en lui la puissance de concevoir et

(1) Comm. Tim., p. 9.
(2) Comm. Tim., p. 41.
(3) Th. s. P. Liv. V, p. 17.
(4) Th. s. P. Liv. V, p. 17.
(5) Comm. Tim., p. 118.
(6) Comm. Tim., p. 111, 199.
(7) Comm. Tim., p. 303.
(8) Comm. Tim., p. 88.
(9) Comm. Tim., p. 106.

(10) Comm. Parm. T. V, p. 6, 7.
(11) Comm. Parm. T. IV, p. 196.
(12) Comm. Parm. T. V, p. 6, 7.
(13) Comm. Tim., p. 97.
(14) Comm. Tim., p. 238.
(15) Comm. Tim., p. 239.
(16) Comm. Tim., p. 302, 307.
(17) Comm. Tim., p. 119. — Comm. Parm. T. IV, p. 196.

celle d'agir, nous obéissons à ce besoin qui nous est propre, de décomposer pour connaître, et d'exprimer en langage humain les actes de la Divinité (1). Mais, dans la réalité, soit que nous envisagions dans le Démiurge le Dieu qui constitue l'univers (ὑποστάτης ἀπάντων), ou celui qui, parcourant tous les êtres, les établit entre eux et avec lui-même dans des rapports si intimes, qu'il les rassemble en une seule unité (συνελίσσει πᾶν τὸ πλῆθος εἰς τὴν ἕνωσιν); ou celui enfin qui rattache tout à sa cause (ἐπιστρέφει) (2), il est toujours question du même Dieu, du Dieu unique (3), dont la *parole* est une création réelle et impérissable (4).

Le verbe n'est pas, en lui-même, identique à la conception, il en est seulement l'imitation première. C'est lui qui développe en nombre ce qui était contracté en monade dans la conception; qui substitue l'unité divisible à l'indivisibilité absolue; qui met en communication avec l'extérieur ce qui existait en soi, et sans relation avec le monde 5. Mais dans le Démiurge, intermédiaire entre Dieu et l'univers visible, le Verbe est conception, la conception est Verbe, le Λόγος est identique à la Νόησις (6).

Ici se présente une question analogue à celle que notre doctrine sur le Paradigme a fait naître. Le Paradigme étant éternel et immuable, comment arrive-t-il que, dans le monde créé à son image, certaines parties seulement soient éternelles, et tout le reste changeant et périssable? On dit maintenant : le Démiurge produisant simultanément et de toute éternité l'univers visible, comment se fait-il que les êtres ne subsistent pas tous également près du Démiurge, ne jouissent pas autant les uns que les autres de ses divines illuminations, n'aient pas, avec la même durée, la même immutabilité (7)? Mais la raison qui nous a servi à résoudre la question relative au paradigme, nous suggérera la réponse à ce qui concerne le Démiurge. Tous les êtres qu'il produit se manifestent ensemble; mais ils se manifestent disposés en série, hiérarchiquement ordonnés (8). Ces êtres, avons nous dit, ne sont autres que les conceptions du Démiurge : mais ces conceptions ne sont point successives; elles sont distinctes sans doute, et n'existent pourtant que sous la forme d'une seule unité; d'où il suit que les êtres, tout en formant un seul univers, resteront distincts les uns des autres, et classés convenablement selon un ordre certain (9). Voilà pourquoi, dans ce monde, tout provenant à la fois d'un seul Démiurge, il y a des rangs inégaux : quelques êtres sont tombés plus avant, d'autres moins, dans la génération. Aussi, tous se rattachent-ils au Dé-

(1) Comm. Tim., p. 106, 258.
(2) Th. s P. Liv. V. c. 16.
(3) Comm. Tim., p. 91.
(4) Comm. Tim., p. 88. — Comm. Parm. T. V. p. 12.
(5) Th. s. P. Liv. V. c. 18.

(6) Comm. Tim. p. 502, 507: Οἱ λόγοι οὗτοι νοήσεις εἰσίν, αἱ δὲ νοήσεις αὐταὶ ποιήσεις.
(7) Comm. Tim. p. 170.
(8) Comm. Tim. p. 500.
(9) Comm. Tim. p. 170.

miurge; mais les uns se confondent par leur propre force dans son unité,
les autres parviennent seulement à se mettre en contact avec lui, d'autres
enfin ne le possèdent que par l'intermédiaire des êtres supérieurs. Telles
sont les intelligences, qui peuvent s'unir à l'Intelligence ordonnatrice
du monde; les âmes qui peuvent se mettre en contact avec elle ; tels sont
enfin les corps qui reçoivent seulement, et par intermédiaire, les illuminations de l'Intelligence (1).

Quelques uns se sont demandé avec étonnement si le Démiurge, qui
est incorporel et inétendu, était bien l'auteur de cet univers étendu et
visible (2)? Nous ne voyons pas là une difficulté véritable. Les effets sont
nécessairement de nature inférieure à leurs causes 3). C'est ainsi qu'après
le Paradigme intelligible, nous trouvons le Démiurge intellectuel: après
le Démiurge intellectuel, l'univers sensible (4). Ne voyons-nous pas, pour
raisonner par analogie, que l'homme, cet assemblage de qualités si diverses, pour ne pas dire si contraires, sort d'un germe unique? Le verbe
du Démiurge peut donc aussi produire toutes les parties de ce monde,
sans avoir besoin de la matière (5).

III. *Les Idées.*

Existe-t-il des *Idées*, et qu'est-ce qu'une Idée? De quoi existe-t-il des
Idées, de quoi n'en faut-il point admettre? Quelles sont les propriétés
des Idées? Comment doit-on chercher en elles les causes de tout ce qui
se voit ici bas, et de quelle manière participent aux Idées les Êtres sensibles? Telles sont les quatre questions que soulève la théorie des
Idées (6).

Envisagées comme unies à la matière pour lui donner une forme et
constituer les genres, les *idées* sont universellement admises, l'*homme*,
le *cheval*, les autres idées physiques paraissent à tout le monde les éléments réels dont la réunion a composé l'Univers. Mais si l'Univers,
comme nous l'avons démontré, est l'œuvre d'une cause qui l'a produit
par cela seul qu'elle existe, il est, si l'on peut s'exprimer ainsi, sorti de
l'essence même de la cause; il doit être, à un degré inférieur, ce
qu'est d'une manière plus élevée, la cause qui lui donne l'être: et

---

(1) Comm. Tim. p. 170. Πάντων δ' οὖν, ὥσπερ
εἴπομεν, ἀπὸ τῆς δημιουργίας ὁμοῦ καὶ αἰωνίως
παραγομένων, ὅμως καὶ ἡ τάξις σώζεται τῶν
ἀποτελεσμάτων. Ἦν γὰρ ἐν τῷ παράγοντι καὶ
νόησις αἰώνιος, καὶ τάξις ἡ πρὸ τῶν τεταγμέ-
νων...... Καὶ τὰ μὲν καθ' ἕνωσιν τῷ Δημιουργῷ
συντέτακται, τὰ δὲ κατὰ συναφήν, τὰ δὲ κατὰ
μέθεξιν.

(2) Comm. Tim. p. 120.
(3) Elém. Th. prop. VII. — Comm. Alcib.
T. II, p. 264.
(4) Comm. Tim. p. 156.
(5) Comm. Tim. p. 120. — Et pour tout c
chapitre, Cf. de la Th. s. P. liv. V, le c 20, qu
est un résumé sur le Démiurge.
(6) Comm Parm T. V, p. 5.

puisque nous reconnaissons en lui des *idées* engagées dans la matière, il doit y avoir dans la cause de l'Univers, c'est-à-dire dans le Démiurge, des *idées* pures et immatérielles. Il y a donc véritablement des idées (1).

Platon attribue aux philosophes Italiques l'invention de la doctrine des idées (2) ; mais à proprement parler, c'est Socrate qui le premier les a posées clairement : c'est lui qui a mis dans tout son jour la théorie des définitions, et qui, considérant les objets définis comme des images, s'est élevé à la conception des causes en vertu desquelles ces objets étaient tels qu'on les définissait (3). Il n'en est pas moins vrai que Zénon après Pythagore, et Pythagore après les anciens oracles, révélations des Dieux, avaient reconnu les *idées* ; Platon les a suivis. Cette unanimité des sages, confirmée par les paroles des Dieux, sera pour nous un motif de plus d'examiner à fond une question importante, qui a soulevé bien des orages parmi les sophistes, mais contre laquelle ils n'ont pu trouver un seul argument scientifique (4).

Pour nous faire de l'Idée la notion la plus exacte et la plus simple possible . figurons-nous en même temps et une de ces puissances qui produisent, par cela même qu'elles sont, et une de ces conceptions qui, chez l'artiste, précèdent les œuvres et en déterminent le caractère. Supposons que la conception de l'artiste ait par elle-même et en elle-même ce pouvoir de réaliser une œuvre à sa ressemblance : nous avons l'idée (5). Xénocrate avait raison de la définir : ce qui est tout à la fois cause et paradigme des êtres immortels (6).

Il ne faut confondre l'*idée*, ni avec les genres de l'Être qui lui sont supérieurs (7), ni avec les caractères communs des genres dont elle est la cause (8), et que, par conséquent, elle précède (9) ; ni avec les différences essentielles des individus, qui sont variées, multiples, et inséparables de la matière (10). Elles ne sont pas non plus les simples notions qui se forment dans notre esprit : ces notions n'existent pas en elles-mêmes ; elles sont d'un autre et dans un autre (11). En outre, nous avons la perception des phénomènes comme celle des êtres ; et si toute perception était une *Idée*, il s'ensuivrait qu'il n'y aurait pas seulement des *idées* d'êtres, mais aussi des *idées* de phénomènes (12). Nous n'admettons pas davantage qu'elles soient les germes des individus : les germes sont le plus souvent imparfaits, et toujours inintelligents, deux choses que nous

(1) Comm. Parm. T. V, p. 7, 8.
(2) Plat. in Sophist.
(3) Comm. Parm. T. IV, p. 149.
(4) Comm. Parm. T. V, p. 22, 23, 24, 25.
(3) Comm. Parm. T. IV, p. 152-3.
(6) Comm. Parm. T. V, p. 176.

(7) Comm. Rép. p. 428.
(8) Comm. Parm. T. V, p. 151, 142.
(9) Comm. Parm. T. IV, p. 152.
(10) Comm. Parm. T. IV, p. 151.
(11) Comm. Parm. T. IV, p. 151-2.
(12) Comm. Parm. T. IV, p. 152.

écartons nécessairement des *idées*(1). Les *idées*, à plus forte raison, ne sauraient être les individus eux-mêmes, comme le veut Aristote (2); et nous sommes plus opposés encore, s'il est possible, à ceux qui ne voient en elles, comme Aristote aussi l'a parfois prétendu, que des mots vides de sens, et qui ne représentent rien de réel (3).

Comment, en effet, pourrions-nous méconnaître les *idées ?* De quelque point de vue que nous considérions le monde, en lui-même ou dans son auteur, aussitôt elles nous apparaissent. L'âme universelle, comme les âmes humaines et particulières, conçoit les êtres meilleurs et plus parfaits qu'ils ne sont, et qu'elle ne les voit réellement : cette conception supérieure à la réalité visible, c'est l'*idée* (4). Moins encore peut-on refuser à la cause qui produit l'Univers, surtout lorsque cette cause est l'intelligence, la connaissance parfaite des natures et des genres qu'elle mettra dans le monde : cette connaissance préexistante et immatérielle des *natures* sensibles, c'est encore l'*idée* (5). Les idées sont les conceptions du Démiurge, conceptions qui sont à la fois et le paradigme saisi par l'intelligence, et l'être réalisé par la puissance (6). L'intelligence est en quelque sorte le lieu des idées (7) ; mais il faut expliquer comment elles y sont, c'est-à-dire, à quel titre et de quelle manière.

Socrate nomme les idées tantôt *unités* et tantôt *monades* (8). C'est que les idées sont véritablement unités, ou simplement idées intellectuelles, selon le degré de la hiérarchie dans lequel on les envisage (9). Parlons-nous, en effet, de cette unité des idées qui est leur plus haute expression (10) ? Cette unité est l'idée en soi contenue dans le premier Paradigme (11), c'est-à-dire, dans le troisième terme de la Trinité intelligible (12) ; cette unité est éternelle, comme venant d'une cause immobile (13); ineffable et divine, comme faisant partie de l'essence intelligible (14). Mais les idées se retrouvent, plus près du monde et dans la cause même qui l'organise (15) : elles en sont les manifestations immédiates (16), et c'est de là qu'elles émanent pour produire et ordonner l'univers (17).

Les idées existent donc et hors de l'univers et coordonnées avec lui (18): et c'est leur union avec le monde qui nous permet de les connaître (19). Nous ne voulons pas dire qu'il existe pour l'homme une science des

(1) Comm. Parm. *Ibid.*
(2) Comm. Parm. T. IV, p. 131.
(3) *Ibid.* et T. V, p. 244.
(4) Comm. Parm. T. V, p. 9, 10.
(5) Comm. Parm. T V, p. 16, 17.
(6) Comm. Parm. *ibid.*, et p. 25, 144.
(7) Comm. Parm. T. V, p. 189, 190.
(8) Comm. Parm. T. V, p. 126.
(9) Comm. Parm. T. V, p. 36.
(10) *Ibid.* p. 154.
(11) Comm. Parm. T. IV, p. 15-16.
(12) Comm. Parm. T. V, p. 52.
(13) *Ibidem.*
(14) Comm. Parm. T. V, p. 173.
(15) *Ibid.*, p. 15. — Comm. Tim., p. 90. — Comm. Parm. T. IV, p. 28, 198, etc., etc.
(16) Comm. Parm. T. V, p. 131.
(17) Comm. Parm. T. V, p. 17-8.
(18) Comm. Parm. T. IV, p. 151.—T. V, p. 40-1.
(19) Comm. Parm. T. V, p. 152.

idées (1); en d'autres termes, que l'homme peut définir les idées, et de ces définitions tirer des conséquences (2). Non : l'idée, même engagée dans la matière, ne saurait être définie par nous (3); tout défini est objet de science, l'idée ne l'est pas (4). Mais nous atteignons l'idée par une intuition immédiate (5), par un élan vers le divin (6), en sorte qu'il n'y a pas science, mais, à vrai dire, conception de l'Idée (7).

Cela est d'autant plus naturel, que l'Idée est une image de l'Être (8), et participe à un certain Un, image de Dieu (9). Aussi n'ont-elles rien de commun avec le corps (10) et la matière (11) : elles n'ont point de parties, ne sont mêlées à quoi que ce soit (12), ne sont pas susceptibles de plus ou de moins (13); indivisibles (14), même en ce sens qu'elles ne peuvent se communiquer que tout entières à leurs inférieurs (15); éternelles (16), car elles sont aussi bien en dehors du Temps que du lieu (17); renfermant l'un et le plusieurs (18), puisqu'elles sont essence, vie, intelligence (19), mais les renfermant sans en être moins unités (20); infinies en puissance, mais finies en nombre (21); remplissant l'univers de leurs émanations, mais sans se mêler à lui (22); enfin toujours parfaites, et ne se lassant point d'agir et de créer (23).

Aussi en est-il des idées entre elles, comme des éléments de chacune en particulier. Ces éléments sont plusieurs, car la distinction existe dans l'intelligence (24), et les idées sont intellectuelles (25); et néamoins, ils sont fondus en un tout qui est une véritable unité (26). De même, quoique chaque idée, dans sa nature spéciale, soit telle et non pas autre (27), il faut reconnaître que toutes ensemble ne sont qu'une seule et même cause qui produit l'univers (28. Elles paraissent dans le monde sous mille formes différentes, mais elles sont contemporaines dans l'Intelligence (29), essentiellement les mêmes (30, agissant nécessairement les unes avec les autres (31), parties distinctes de la même Unité (32. Chacune existe en soi séparément, et pourtant se mêle avec les autres dans une commune existence (33); toutes se manifestent ensemble dans tous les ordres, et chacune plus particulièrement dans un ordre qui lui appartient (34); en

(1) Ibid, p. 182. 185.
(2) Id., p. 4. 152.
(3) Id., p. 262.
(4) Id., p. 261.
(5) Id., p. 123-7.
(6) Id., p. 4.
(7) Id., p. 182-5, 261-5.
(8) Id., p. 218.
(9) Comm. Parm. T. IV, p. 53.
(10) T. V, p. 115.
(11) T. IV, p. 151.
(12) T. V, p. 115, IV, p. 151.
(13) T. V, p. 50. T. IV, p. 173.
(14) T. IV, p. 173.
(15) T. V, p. 105, 107.
(16) T. IV, p. 175.
(17) T. V, p. 116. — Comm. Républ., p. 424.

(18) Comm. Parm. T. IV, p. 198.
(19) T. V, p. 157.
(20) Ibid. — Elém. Th. prop. LXXIV.
(21) Comm. Parm. T. V, p. 158.
(22) Ibid.
(23) Comm. Tim., p. 28.
(24) Th. s. P. liv. IV, c. 29.
(25) Comm. Parm. T. V, p. 56, 245.
(26) El. Th. prop. LXXIV.
(27) Comm. Parm. T. IV, p. 155.
(28) Ibid
(29) Id. T. V, p. 404.
(30) T. V, p. 205.
(31) T. V, p. 172.
(32) T. IV, p. 173.
(33) El. Th. prop. CLXXVI.
(34) Comm. Parm. T. IV, p. 45.

sorte que la même idée est partout et nulle part, présente à tous les êtres, et principalement à ceux qui sont ses propres effets (1).

Si les idées peuvent ainsi se communiquer à tous les êtres sans se mêler à eux, sans cesser d'être elles-mêmes, c'est que, pour emprunter l'expression de Platon, chacune existe en soi, αὐτὸ καθ' αὐτό. Ces deux mots sont réunis à dessein : ils expriment deux caractères différents de l'existence des idées. Αὐτὸ désigne leur simplicité ; elles sont ce qu'elles sont, et rien autre chose. Καθ' αὐτό sert à montrer qu'elles ne résident point en un sujet, dont l'union avec elles serait la condition nécessaire de leur existence ; ce qui les distingue aussitôt de ce que nous nommons dans un genre le *caractère commun.* Celui-ci, en effet, n'existe point en soi : il n'est réellement, que lorsqu'il est dans la matière : aussi n'est-il point éternel, mais changeant et périssable (2).

Lorsque nous voulons distinguer des idées Intellectuelles ou productrices de l'univers sensible, les Idées intelligibles ou Premières, c'est à celles-ci que nous attribuons l'αὐτὸ καθ' αὐτό (3) : nous le donnons ensuite aux idées intellectuelles, pour les séparer des idées sensibles, qui sont différentes entre elles, multipliées en nombre, ἄλλα καὶ πολλά (4). Trois mots pourraient résumer ce que nous avons dit sur la nature des idées : elles sont *essence, en soi, toujours identiques à elles-mêmes,* ταὐτὸ, καθ' αὐτό, οὐσία (5).

Quoique chacune des idées existe en soi-même et que toutes coexistent ensemble, il y a néanmoins entre elles une hiérarchie nécessaire. Il en est, d'abord, qui sont supérieures à toutes les autres, parce que la puissance qui leur est propre ne confère pas telle ou telle qualité spéciale, mais communique aux êtres quelqu'une des conditions fondamentales de l'existence ; en sorte que tout ce qui est, doit compter parmi leurs effets particuliers. Telles sont l'*Essence,* l'*Identité,* la *Distinction,* etc. Viendront ensuite celles qui donnent encore des qualités générales, mais non à tous les êtres : comme la *Justice,* la *Tempérance,* etc. Au dernier degré seront celles qui agissent immédiatement sur les individus, et constituent la monade qui est en eux : par exemple les idées d'*homme,* de *cheval,* etc. (6). Telle est la loi du développement des idées ; voici maintenant les différents termes de leur série.

La matière est façonnée par les Idées sensibles, au-dessus desquelles il faut placer les Idées naturelles (la nature est une puissance inférieure à l'âme qui tire sa force des ordres intellectuel et intelligible, et qui produit, organise et conserve les corps) ; celles-ci se rattachent directement

(1) Id. T. V, p. 99.
(2) Comm. Parm. T. IV, p. 150.
(3) T. IV, p. 150-4.
(4) T. IV, p. 173.

(5) T. V, p. 192.
(6) Comm. Parm. T. IV, p. 156-8. — Cf. T. V, p. 54, 80.

aux Idées que la démiurgie a versées dans les âmes ; enfin nous remontons aux Idées elles-mêmes, intelligibles ou intellectuelles, mais contenues également dans le sein de l'Être véritable, et partageant l'immutabilité de son essence. C'est d'elles, à vrai dire, que les autres émanent : et l'idée psychique qui est Raison et Verbe (λόγος) ; et l'idée naturelle, qui est activité vivante (δραστήριον) ; et l'idée sensible, qui dispose la matière à recevoir une forme (εἰδοποιΐα αἰσθητή). Aussi les idées qui sont dans les âmes n'ont-elles qu'une perfection secondaire, ne sont-elles que les images des intelligibles ; les idées qui sont dans la nature, ne communiquant avec les premières qu'au moyen des idées psychiques, sont les images de celles-ci, et par conséquent images d'une image ; les idées sensibles sont un dernier reflet des idées, et la matière, dont elles sont inséparables, leur donne quelque chose de son indétermination et de sa douteuse existence (1).

Voyons maintenant de quoi il existe des idées, de quoi il n'en existe pas. Le principe qui doit nous guider dans cette recherche est celui-ci : De tout ce qui existe toujours, il y a des idées ; de tout ce qui est contingent et mortel, il n'y en a pas (2). D'où il suit que chacune des essences dont la réunion compose le monde, a nécessairement son idée. Néanmoins, pour ce qui concerne l'essence intellectuelle, il vaut mieux appeler sa cause que son idée, l'Intelligence qui la produit (3). Mais on peut nommer l'idée de l'Ame, et encore l'idée de l'Ame irrationnelle (4). Nous admettons aussi l'idée de la Nature, puisque nous ne contestons pas celles du Feu et de l'Eau, etc., et que l'Eau et le Feu sont des effets de la nature (5). Les corps, véhicules des âmes, doivent, comme elles, avoir une idée (6). La matière elle-même, si l'on fait attention que la matière des corps célestes a une forme déterminée, paraît avoir une idée (7). Elle en a du moins comme une image (8) ; car, à proprement parler, après les idées sensibles, il n'y en a plus (9).

Si deux ou plusieurs de ces essences existent réunies dans certains êtres, ces composés auront une idée : il y a donc une idée des animaux, des plantes (10), etc.

Mais du contingent, lorsqu'il est purement contingent, il n'y aura pas d'idée ; la blancheur, par exemple, n'en a point. Si au contraire, il était le produit spécial de l'action d'une essence, et par suite, nécessaire sous quelques rapports, il y en aurait une : il y a des idées de Beauté, de Vertu, de Similitude (11).

---

(1) Comm. Parm. T. IV, p. 14-6. — Cf. T. V, p. 17-8, 137, 167, 241. T. VI, p. 169.
(2) T. V, p. 259.
(3) T. V, p. 45.
(4) P. 47.
(5) P. 48-9.
(6) P. 50.
(7) P. 51.
(8) Comm. Parm. T. IV, p. 81.
(9) T. V, p. 17-8.
(10) p. 51-2.
(11) p. 53.

Il pourrait de même y avoir des idées de *parties*, quand ces parties sont en elles-mêmes des *Touts*, des êtres véritables; si elles ne sont autre chose que des parties, elles n'auront pas d'idée (1).

Voilà pourquoi les individus n'en ont pas. Si les individus avaient une idée, toute idée étant une cause immobile, les individus seraient éternels; ou, si on les maintient périssables, leur idée sera tantôt paradigme et tantôt non, car un paradigme suppose une image; et que deviendra le paradigme dont l'image aura cessé d'être (2)?

Il n'y a point d'idée des œuvres de l'art; si les œuvres de l'art avaient leur idée dans l'Intelligence, on peut demander comment arriverait leur réalisation sensible. Serait-ce avec, ou sans l'intermédiaire de la nature? Dans le second cas, il faut renoncer à notre définition de la nature, qui en fait la puissance organisatrice des corps; dans le premier, à la définition des œuvres de l'art, qui en fait le produit particulier du génie humain (3).

· Mais si quelqu'un, sous la dénomination d'*arts*, comprenait en même temps les sciences, on distinguerait ainsi : parmi ces *arts*, tous ceux qui élèvent l'âme, et l'assimilent à l'intelligence, ont une *idée*, dans laquelle ils nous introduisent, pour ainsi dire : il y a des *idées* de l'Arithmétique, de la Géométrie, de l'Astronomie, de la Musique. Mais les arts qui sont de simples jeux de l'esprit, qui s'occupent des choses les plus vulgaires, et ne vont qu'à satisfaire les besoins des hommes, n'ont point d'Idée intellectuelle; pour eux, tout commence dans l'âme (4).

Il nous reste à chercher, pour avoir épuisé la question, si ce que les hommes appellent le *laid* et le *mal*, ont aussi des *idées*. Mais le *laid* n'a pas d'existence réelle; là où nous croyons l'apercevoir, c'est encore, sous une forme particulière, le Beau qui se manifeste (5). Le laid n'a donc point de paradigme. Nous avons d'ailleurs établi que tout ce qui est l'œuvre d'un paradigme divin est nécessairement beau (6).

Il en sera de même du mal; le mal en soi n'existe pas (7); ce qui est *mal* pour un individu, est *bien* pour l'univers (8). Au lieu d'admettre un paradigme du mal, serait-il plus raisonnable de dire que, comme avant les divisibles, il y a une *idée* de l'indivisible, avant les multiples, une *idée* de l'un, de même avant les maux, il y a une idée du bien? On évite ainsi de présenter Dieu directement comme l'auteur du mal. Mais cette solution n'est pas satisfaisante. En rattachant le mal au bien comme à sa cause, veut-on parler du bien en soi? ce qui est essentiellement bon ne peut d'aucune manière être cause du mal. Ne veut-on parler que du

(1) Comm. Parm. t. v, p. 54-5.
(2) p. 52-3. — Comm. Tim. p. 309.
(5) Comm. Parm. t. v, p. 56-7, 212.
(4) p. 58.
(3) p. 53.
(6) p. 60.
(7) Du Mal, c. vi, et dans tout ce traité.
(8) Comm. Tim. p. 115-6.

bien en acte? L'acte du bien est nécessairement bon. Le mal, de quelque façon qu'on s'y prenne pour lui trouver une *idée*, n'en saurait donc avoir (1).

Nous avons établi qu'il y a des *idées*; nous avons dit quelle est la nature, le mode d'existence, la hiérarchie des *idées*, et enfin, quelles sont les choses de ce monde qui ont ou n'ont pas de paradigme; disons maintenant ce que les paradigmes donnent à leurs images; nous verrons ensuite comment celles-ci le reçoivent.

Les idées intellectuelles en particulier, donnent l'éternité aux êtres qui émanent d'elles (2), et constituent les idées inférieures (3). Celles-ci en reçoivent principalement tout ce qui, dans leur essence ou dans leur action, est conforme à l'Intelligence (4). En général, toute *idée* est non seulement le paradigme, mais la cause efficiente qui produit ses images (5); telle est la puissance de ses émanations (6). Comme l'Intelligence, elle crée par cela même qu'elle existe (7); ses images, par conséquent, ne peuvent être que ce qu'elle est, mais elles peuvent ne pas être tout ce qu'elle est. L'*idée* est tout à la fois Essence, Vie, Intelligence : le produit peut être ces trois choses, il peut aussi n'être que la première (8). C'est encore l'*idée* qui perfectionne les êtres, qui donne aux genres ce qu'on appelle en eux le caractère commun (9), et l'ordre et l'harmonie qui les organisent (10). Elles maintiennent les différents ordres au rang qu'elles-mêmes leur ont assigné; ce qui est mortel, parce qu'il devait l'être en vertu de son paradigme, ne devient jamais immortel (11). Sans les idées enfin, comment l'homme serait-il parvenu à la science des définitions? Quelle base vraiment solide aurait la méthode analytique (12)? Ajoutons que chaque idée est toujours présente à toutes ses images (13), et qu'une image a presque nécessairement plus d'un paradigme (14).

Mais comment les êtres *participent*-ils aux Idées? Il semble que nous devrions demander avant tout s'ils y participent : mais dès qu'on admet les Idées, on admet nécessairement que les êtres sont en rapport avec elles (15). Comment donc a lieu la Participation (μέθεξις)? Représentons-nous un miroir qui reçoit l'image des objets, sans que les objets s'altèrent, ou qu'il arrive le moindre changement dans la nature même du miroir. Représentons-nous les êtres, tournés en quelque sorte vers le Démiurge, aspirant à lui, et remplis de ses émanations. Représentons-

(1) Comm. Parm. t. v, p. 59, 60. — Comm. Rép. p. 556-7.
(2) Elém Th. prop CLXXVIII.
(3) Comm. Parm. t. v, p. 8.
(4) Comm. Tim. p. 9.
(3) Comm. Parm. t. v, p. 162. — Th s. P. liv. III. c. 14. — Comm. Alcib. t. III, p. 48.
(6) Comm. Parm. t. v, p. 158.
(7) Id. p. 26.
(8) Id. p. 157.
(9) Id. p. 56, 162.
(10) Comm. Tim. p. 65.
(11) Comm. Tim. p. 11.
(12) Comm. Parm. t. v. p. 256-8.
(13) Id. p. 119.
(14) Id. t iv, p 172. — Et sur l'ensemble de ce chap., voir Comm. Parm. t. v, p. 193 et 273.
(15) Comm. Parm. t. v, p. 72.

nous enfin l'empreinte du cachet sur la cire, avec cette différence, toutefois, que la cire est modifiée par le cachet, tandis que la matière ne
l'est pas par l'idée (1). Chacune de ces images, prise à part, ne donne-
rait de la participation qu'une idée incomplète : la comparaison du miroir
suppose des dispositions physiques tout-à-fait étrangères à ce qui a lieu
dans la participation; l'empreinte du cachet sur la cire pourrait être admise par les Stoïciens, qui n'envisagent les causes que comme ordonnant
la matière, et la matière comme n'éprouvant de la part de la cause
qu'une simple modification ; mais précisément parce qu'elle ne représente qu'une action extérieure de l'agent, un changement extérieur de
l'être qui *participe*, elle ne fait pas comprendre la puissance de l'idée,
qui, au sein même du sujet qui la reçoit, présente à toutes ses parties,
accomplit son œuvre créatrice (2). Ni l'Image (ὁμοίωσις), telle que le miroir nous la suggère ; ni l'Émanation (ἔμφασις), telle que nous la supposons
s'échapper du Démiurge ; ni l'Empreinte (τύπωσις), analogue à celle du
cachet sur la cire, n'expliquent suffisamment la Participation (3). Mais
en les admettant toutes les trois, en se figurant qu'il y a, dans la Participation, quelque chose de semblable à chacune d'elles, on aura, non
une explication scientifique, mais un commencement d'intelligence du
fait qui nous occupe (4).

De ces trois images, quelle que soit celle que l'on adopte pour se faire
une idée de la Participation, il faut en écarter avec soin tout ce qui ressemblerait à une action corporelle (5). L'idée n'agit point matériellement
sur le sujet dans l'intérieur duquel elle opère, puisqu'elle est immatérielle ; elle ne fait point d'essais, puisqu'elle est parfaite ; elle agit, comme
nous l'avons montré, par son essence même (6). Or, l'essence véritable
de l'idée est dans l'intellectuel ; c'est donc parmi les phénomènes intellectuels qu'il faut ranger la Participation (7). Et néanmoins elle varie
quelque peu, selon la nature de l'Être qui participe à l'idée (8).

C'est que la participation n'est pas tout entière dans l'expansion créatrice et spontanée des Idées : il faut encore pour qu'elle s'accomplisse,
le concours de l'être qui participe (9). La Participation procède de l'Idée;
mais c'est dans l'Être participant qu'elle subsiste en réalité (10). L'union
des deux termes nécessaires pour la Participation, est même tellement
intime, qu'un observateur inattentif les confond aisément. De là, par
exemple, est venue l'erreur si grave de ceux qui, dans la Démiurgie,

(1) Ibidem.
(2) Id. p. 73, 74.
(3) Id. p. 81.
(4) Id. p. 73, 75.
(5) Comm. Parm. t. v, p. 125.
(6) Id. p. 77.
(7) Id. p. 137-8.
(8) Id. p. 125. — Cf. p. 93.
(9) Comm. Alcib. t. II, p. 271-7. — El. Th. prop. XX.11.
(10) Dix doutes, etc., c. IV.

n'ont pas distingué la matière du Dieu qui l'organise, ont pensé que la matière agissait sur soi-même, et tirait de sa propre puissance l'ordre et la perfection qui lui méritent le nom d'univers (κόσμος) (1). Et comme au-dessus des causes particulières il ne faut jamais perdre de vue les causes universelles (2), nous dirons que toute participation suppose: un sujet qui reçoit, une idée qui donne, un pouvoir supérieur qui fait concorder les deux puissances, et intervient dans leur attraction mutuelle, comme un lien qui les réunit (3). Or, quel peut être ce lien, sinon la Bonté, qui fait tout converger vers un centre commun, et identifie les diversités dans le sein de l'unité générale (4)? La Bonté dont nous parlons est celle de l'Intelligence Démiurge, qui produit les idées (5); en sorte que le Démiurge est pour les sensibles, comme l'Un pour tous les Êtres, cause à la fois efficiente et finale (6). Ainsi, Bonté des Idées, force expansive des Idées, capacité des Êtres à recevoir les émanations des Idées, tels sont les trois éléments de la Participation (7). Les Êtres qui participent aux Idées ne peuvent qu'aimer leurs illuminations célestes, mais non les comprendre; ceux d'entre eux qui sont doués de raison peuvent tout au plus se faire une certaine image (8) de cette force qui réunit leurs diverses parties, les assimile à un modèle divin, leur donne et leur maintient la perfection convenable (9).

Remarquons que l'être qui participe à l'idée renferme en soi quelque chose qu'il ne tient pas d'elle, sans quoi tous les deux seraient identiques et ne feraient plus qu'un (10); tandis qu'ils sont distincts à ce point, que si l'être inférieur ne seconde pas l'intervention divine qui tend à le réunir à l'Idée, s'il manque l'occasion (καιρός), la participation n'a pas lieu (11). Cette occasion si nécessaire est un don de la Providence (12): mais aucun être, si humble qu'il soit, n'en est privé par elle (13); seulement parmi les êtres, les uns participent directement aux idées intellectuelles, les autres ne le peuvent que par l'intermédiaire de causes mobiles et changeantes; d'où il résulte que pour les uns l'occasion est toujours utile, pour les autres, souvent sans résultat (14). Toute idée gouverne donc deux ordres d'êtres en rapport avec elle : les uns qui reçoivent toujours; les autres, parfois seulement, le bienfait de ses émanations (15).

Nous avons traité du Paradigme; nous avons parlé du Démiurge, et

(1) Comm. Alcib. t. II, p. 278.
(2) El. Th. prop. LVI.
(3) Comm. Parm. t. v. p. 174.
(4) Id. p. 79.
(5) El. Th. prop. LXXI.
(6) Comm. Parm. t. v, p. 76.
(7) Id. p. 79, 80.
(8) Id. p. 80.
(9) Comm. Parm. t. v, p. 165.
(10) Comm. Parm. t. vi, p. 177.
(11) Comm. Alcib. t. II, p. 273.
(12) Id., p. 277. — Dix Doutes, etc., c. 4.
(13) Comm. Alcib., ubi supra.
(14) Comm. Alcib. Ibid. — Dix Doutes, etc., c. 4.
(15) Dix Doutes. Ibid. — Comm. Alcib. t. II, p. 265-7. — Elém. Th. prop. LXIII.

de ses puissances créatrices, qui sont les Idées ; nous arrivons maintenant à sa création même, c'est-à-dire l'Univers, et tout ce qui en dépend.

V. *L'Univers* (τὸ Πᾶν).

Est-il nécessaire, avant de parler du monde, de réfuter ceux qui ne voient point en lui l'œuvre d'un Démiurge, mais s'imaginent, sans approfondir autrement la question, que tout ce qui est vient du hasard (1)? Mais assigner le hasard pour cause à l'univers, ce n'est pas établir une doctrine sur ce point, c'est plutôt renoncer à toute opinion scientifique(2). D'autres ont le tort, infiniment moins grave, de penser que l'univers, sous le rapport de son essence aussi bien que de son harmonie, ne doit rien qu'à lui-même (3). Non, les parties ne peuvent se donner elles-mêmes le rang qui leur convient, la persistance qui les maintient dans la place qu'elles occupent : ceci est l'effet d'une cause distincte et supérieure (4). Mais il n'y a rien dans le monde que notre système ne saisisse et n'explique. Le Démiurge, Intelligence féconde, se manifeste par les Idées, qui sont en même temps cause et paradigme : les illuminations des Idées communiquent leur puissance à l'Ame; celle-ci à son tour gouverne l'Univers, au sein et dans la dépendance duquel se meuvent et vivent les êtres particuliers(5). A ce point de vue, le monde est un, sans doute, mais on doit distinguer en lui deux éléments divers, l'Ame et le Corps(6). Disons quelques mots de chacun d'eux pris à part ; nous les étudierons ensuite réunis, et par leur alliance indissoluble constituant l'Univers.

Il est clair que dans cette union c'est l'Ame qui joue le premier rôle : l'Ame en général est supérieure au Corps(7) ; et en particulier dans cette communauté d'un corps et d'une âme, que nous nommons un animal, c'est la vie, c'est-à-dire l'âme(8), qui est la puissance dominante et conservatrice de l'être complexe (9). Elle est en quelque sorte le monde tout entier sous forme intellectuelle(10).

L'Ame était nécessaire au monde à d'autres titres encore. Le monde, avons-nous dit, a pour auteur l'Intelligence(11) : mais ce qui touche immédiatement à l'Intelligence, c'est l'Ame(12); d'où il faut conclure que sans l'intermédiaire de l'Ame, l'Intelligence n'aurait pu créer le monde(13).

(1) Th. s. P. liv. v, c. 25.
(2) Comm. Tim. p. 91.
(3) Comm. Parm. t. v, p. 3, sqq.
(4) Comm. Tim. *ubi supra.*
(5) Th. s. P. liv. v, c. 25. — Comm. Tim. p. 91.
(6) Comm. Tim., p. 139.
(7) Elém. Th. prop. xx.

(8) L'âme est la vie et ce qui vit. Elém. Th. prop. CLXXXVIII.
(9) Comm. Tim. p. 82.
(10) Comm. Tim., p. 92.
(11) Comm. Parm. t. v, p. 76.
(12) Elém. Th. prop. CXCIII.
(13) Comm. Tim., p. 125.

Et puisque cette âme de l'univers n'agit sur lui qu'en vertu de l'Intelligence, il faudra reconnaître dans l'Ame du monde une intelligence particulière(1). Serait-il en effet un véritable animal s'il n'avait une âme raisonnable et immortelle (2 ? Doué d'une Ame et d'une Intelligence, le monde, sous ce rapport, ne nous offre pas le spectacle de la génération, mais une émanation directe de Dieu (3).

Non seulement la présence de l'Ame fait du monde un être animé, qui communique avec l'Intelligence, et par l'Intelligence avec Dieu; mais elle devient partie de l'essence du monde, et voilà pourquoi le monde est cause de ses propres actions. C'est là en effet le caractère distinctif de l'Ame (4); le corps au contraire ne peut être mû ou modifié que par une cause extérieure (5). On pourrait demander par quels organes cette âme atteint les êtres sensibles; mais on s'aperçoit bientôt qu'elle n'a pas d'organes et n'a pas besoin d'en avoir. Être incorporel, elle se *replie* sur soi-même (6). Cause des êtres sensibles, elle les voit dans son propre sein par sa seule *réflexion* (7). L'Ame est l'essence intermédiaire entre toutes les essences : image de l'Intelligence et de Dieu, cause et type des objets matériels (8 .

Mais toute âme existe dans un véhicule qui lui est propre (9), analogue à sa nature, éternel et divin, si elle est éternelle et divine (10). Le véhicule de l'âme du monde, c'est le corps du monde (11), ou l'univers matériel.

En d'autres termes, à l'Ame du monde, qui est intelligence et vie, se rattache immédiatement, essentiellement, et par une corrélation nécessaire, ce que nous nommons l'Étendue(12). L'étendue est le lieu des corps (13) : elle reçoit et contient toutes les parties de l'Univers (14). Tout est en elle, rien en dehors (15); rien, et pas même le vide (16). La masse du monde occupe le lieu tout entier (17). Tout se meut dans le sein de l'Étendue, qui est elle-même immobile. Nous ne pouvions en effet, la supposer mobile, sans la faire mouvoir dans un lieu autre qu'elle, et nous aurions seulement reculé la difficulté (18). Quoiqu'immobile et continue, elle admet la distinction; ce qui n'a rien d'éton-

---

(1) Th. s. P. liv. 1, c. 15, — et Comm. Tim. ubi supra.
(2) Comm. Tim., p. 512.
(5) Comm. Tim., p. 89.
(4) Comm. Tim , p. 125.
(5) Comm. Tim., p. 138.
(6) El. Th. prop. xv.
(7) Comm. Tim. p. 256.
(8 El. Th. prop. cxcv.
(9 El. Th. prop. cxcvi.
(10) Ibidem. — Comm. Tim. p. 42, 510.
(11) Th. s. P. liv. iii, c. 6.
(12) Comm. Tim. p. 49. Προσεχῶς γὰρ αὐτῆς

(ψυχῆς τοῦ παντὸς) ἀπαιωρεῖται τοῦτο τὸ διάστημα, καὶ ἔστιν ὄργανον αὐτῇ συμφυές. — Iamblique entend même par le *lieu* non seulement l'ensemble des corps, mais aussi la vie qui les anime, et dont les limites sont en même temps celles de l'étendue. Comm. Tim. p. 51.
(15) Ibidem.
(14) Comm. Tim. p. 42. — El. Phys. liv. 1, définition 5.
(15) Comm. Tim. p. 157.
(16) Comm. Tim. p. 166.
(17) Comm. Tim. p. 168.
(18) Comm. Tim. p. 42.

nant, puisque la distinction se retrouve dans l'Ame et l'Intelligence
même (1). Aussi les diverses parties de l'Étendue ont-elles des capa-
cités différentes; chacune communique avec Dieu selon l'excellence de
sa nature, et toutes sont susceptibles de perfectionnement (2).

Le corps du monde est formé de la réunion de quatre éléments : le
Feu, l'Air, l'Eau et la Terre, que nous nommons dans l'ordre où ils doivent être placés. Le Feu est le premier des éléments, comme le plus
actif et le plus créateur; l'air est, après le feu, le plus léger, le moins matériel; l'eau est plus mobile que la terre (3). En tenant compte de
la ténuité des parties, de la puissance de pénétrer les objets, de la mobilité enfin de chacun d'eux, voici quels rapports nous semblent exister
entre les éléments :

Le Feu serait : λεπτομερές, ὀξύ, εὐκίνητον.
L'Air   : λεπτομερές, ἀμβλύ, εὐκίνητον.
L'Eau   : παχυμερές, ἀμβλύ, εὐκίνητον.
La Terre   : παχυμερές, ἀμβλύ, δυσκίνητον (4).

Chaque élément existe particulièrement en soi, mais tous existent dans
tous; ils sont produits par une cause qui est dans le Démiurge à l'état
d'unité (5). De là cet amour mutuel, cette union indissoluble des éléments (6).

Tels sont le corps et l'âme du monde, que nous avons distingués pour
les étudier plus commodément, mais qui, dans la réalité, sont inséparables (7). Au point de vue de son ensemble, le monde est un (8); il est
unique, puisque son paradigme est unique (9). Il est le premier des êtres
sensibles (10), puisqu'il est un seul et même animal (11), que les animaux individuels vivent en lui (12), et qu'en dehors de lui rien
n'existe (13).

L'Univers est parfait (14); car il résulte (15), et ne pouvait résulter
que d'êtres harmonisés (16). Chacune des parties qui le composent peut
avoir certaines imperfections : l'Univers lui-même n'en a pas (17). Les
êtres particuliers ont leur fin particulière; toutes concourent à la fin générale (18). Les essences éternelles engagées dans le monde, persistent

(1) Comm. Tim. p. 49.
(2) p. 50.
(3) p. 55.
(4) Comm. Tim. p. 131.
(5) Id. p. 152.
(6) p. 153.
(7) p. 159.
(8) p. 173.
(9) Ibidem et Th. s. P. liv v, c. 4.
(10) Comm. Tim. p. 167.
(11) Id. p. 150.
(12) p. 53.
(13) p. 166.
(14) p. 159.
(15) Comm. Alcib. t. III, p. 50-1. — Comm. Tim. p. 109.
(16) Comm. Parm. t. IV, p. 154.
(17) Th. s. P. liv. I, c. 18. — Comm. Tim. p. 157.
(18) Comm. Alcib. t. III, p. 47.

dans un ordre éternel (1) : et comme elles président à l'apparition des phénomènes, ceux-ci ne restent point en dehors de l'ordre universel (2). Cet ordre, toutefois, n'est pas l'immutabilité de la série divine : le monde matériel n'est que l'image du monde intelligible (3). Ici, le changement a dû trouver place. Dans les êtres célestes qui déjà sont du monde, et ne sont pas encore de la génération, le changement se manifeste par la prédominance tantôt d'un principe, tantôt d'un autre ; tout ce qui arrive en eux est conforme à leur nature. Dans la génération véritable, il y a des phénomènes en harmonie et aussi des phénomènes en désaccord avec la nature (4). Les derniers périssent ; les premiers se maintiennent (5). Les individus meurent ; les genres se perpétuent (6). Les espèces mortelles sont nécessaires à la perfection de l'ensemble (7). Mais toutes ces mutations n'affectent que les parties : l'univers est identique à lui-même, sous l'empire d'une seule harmonie, animé par une seule vie, tendant à seule fin (8)! De tout ce qui est en lui, l'Amour fait en quelque sorte un même être : les différentes essences sont attirées les unes vers les autres par les feux d'un amour intelligible, et de leur ineffable union résulte l'univers (9). C'est ce que Phérécyde exprimait poétiquement, lorsqu'il disait : Jupiter, pour se faire le Démiurge du monde, se changea en l'Amour (10).

Ainsi, nous reconnaissons la multiplicité des éléments qui composent le monde (11); nous voyons en lui des êtres divins, des êtres mortels, des êtres intermédiaires ; mais nous voyons les corps obéir aux lois d'une harmonie générale, et se rapprocher des ordres supérieurs par une sympathie naturelle; les êtres vivants animés par la même vie que leur dispense l'âme universelle ; et le monde entier contenu dans l'espace unique où l'a conçu l'Intelligence (12). Mais nous n'aurions pas indiqué l'état véritable du monde, en nous bornant à dire qu'il y a en lui non seulement variété, mais encore unité : il y a plus que variété, il y a opposition entre les parties (13), il y a guerre (14), et néanmoins l'unité subsiste (15).

Nous avons vu que l'essence intelligible elle-même contient la dualité du fini et de l'infini; seulement, à cette hauteur, les deux puissances coexistent dans la même unité. Elles se retrouvent dans l'Ame et à l'état distinct; elles se retrouvent enfin dans la génération et à l'état de

(1) Comm. Tim. p. 42, 324.
(2) Id. p. 52, 111.
(3) Comm. Parm. t. IV, p. 116
(4) Comm. Tim. p. 52.
(5) Id. p. 55, 53.
(6) Ibidem.
(7) Id. p. 307.
(8) Comm. Tim., p. 28, 53, 52. — De la Provid., etc., c. VII.

(9) Comm. Parm. t. IV. p. 141.
(10) Comm. Tim., p. 156.
(11) Comm. Parm. t. IV, p. 196. — Comm. Tim., p. 151, 155.
(12) Comm. Parm. t. IV, p. 193.
(13) Comm. Tim. p. 26, 30.
(14) Id., p. 41, 19.
(15) Ibidem.

guerre (1). Cette guerre est subordonnée à la vie générale (2). Les actes qui sont propres à l'univers entier n'y sont pas soumis ; ils s'accomplissent nécessairement et régulièrement (3). Mais il n'en est pas ainsi des phénomènes. N'avons-nous pas dit qu'ils sont transitoires, et doivent disparaître du monde (4) ? La guerre que se font, au sein de la génération, les phénomènes divers, est le moyen qu'emploie la nature, comme nous l'apprend Iamblique, pour détruire ceux qui commencent à ne plus suivre ses lois (5). Cette opposition même est soumise à des règles, gouvernée par des causes, qui la font agir dans le sens de l'unité du monde (6) ; les forces qui poursuivent la rénovation, comme celles qui travaillent à la conservation, sont gouvernées par le Démiurge (7) ; en sorte que l'unité précède, accompagne et suit encore la guerre que se font les phénomènes opposés (8). L'univers est semblable à un État, où des lois divergentes ne sont que les aspects variés d'une même Constitution (πολίτεια) (9).

Le monde est éternel. Soit que nous l'envisagions comme œuvre du Démiurge, soit que nous le considérions comme directement produit par les Idées, nous arrivons également à reconnaître l'éternité du monde. Le Démiurge, qui est créateur par son essence même, ne cesse jamais de créer (10) ; le Démiurge, qui est une Bonté divine, s'abstiendra toujours de détruire (11). Le monde est donc éternel, même en ce sens que son auteur ne voudra et ne pourra jamais le faire périr (12). D'un autre côté, l'Idée, réalisée dans quelque partie de l'univers, n'a rien à perdre d'elle-même (13) ; les causes, dont le monde est l'effet immédiat, n'ont aucune raison de cesser d'agir (14) : le monde est donc éternel.

Mais son éternité n'est pas celle que nous avons attribuée aux intelligibles, éternité immobile et qui se manifeste tout entière à la fois : le monde est dans le temps ; mais nous l'appelons éternel, parce qu'il est dans le Temps infini (15). Le temps est pour l'Univers sensible, ce qu'est l'éternité pour le paradigme intelligible (16). Il est donc fort différent d'être simplement éternel (αἰώνιον), ou de durer toujours avec le Temps (ἀΐδιον) (17). Aristote a fait quelquefois cette confusion étrange, et lui-même avait pourtant distingué l'Éternité de l'Intelligence, de cette durée

(1) Comm. Tim., p. 12, 24, 26, 50, 40-1, 54, 56.
(2) Id., p. 41.
(3) Id., p. 58.
(4) Ibidem.
(5) Id., p. 51.
(6) Id., p. 26. 28.
(7) Id., p. 52.
(8) Id., p. 25.
(9) Id., p. 11.
(10) Comm. Tim. p. 190.—Κατὰ Χριστιανῶν, περὶ αἰδιότητος τοῦ κόσμου. III. apud Philoponum, opera Trincavelli. Venetiis, 1555.
(11) Comm. Tim., p. 111, 199, 503. — Contre les Chrétiens, etc. VI.
(12) Comm Tim., p. 156. —Contre les Chrétiens, etc. XVI.
(15) Comm. Tim, p. 42-3. —Contre les Chrétiens, etc. XIV.
(14) Comm. Tim., p. 29.
(15) p. 111. — Elém. Th. prop. cc.
(16) Th. s. P. liv. III. c. 16.
(17) Comm. Tim., p. 75.

sans bornes qu'il attribuait au ciel et aux mouvements célestes (1). La langue elle-même indique cette différence : le mot *toujours* (ἀεὶ) entre dans les deux expressions ; mais la terminaison n'est pas la même dans l'une et dans l'autre (2). αἰδιότης marque la perpétuité dans le Temps (3 ; αἰών est simplement l'Éternité, l'Éternité immobile, παρὰ τὸ ἀεὶ εἶναι. Et le nom du Temps (χρόνος) lui est venu de ce que son éternité n'est que la perpétuité du mouvement et des révolutions régulières qu'il impose au monde, παρὰ τὴν χορεῖαν, κίνησιν οὖσαν (4).

Le Temps n'est pas caractérisé seulement par l'infini : sans doute il en participe, puisqu'il dure infiniment, mais il participe aussi du fini, puisqu'il contient le *présent*, qui est une limite. Aussi le Fini temporel est-il indivisible, à l'image du Fini éternel qui est unité (5).

Suivons cette comparaison du Temps et de l'Éternité ; elle nous fera voir la véritable place, l'origine du Temps et ses rapports avec l'ensemble des Êtres. L'Éternité est différente de l'Un, et ne vient qu'après lui (6) ; le Temps est différent du Démiurge (7), et lui est postérieur (8). L'Éternité est née avec l'Essence intelligible, et en est la mesure (9) ; le Temps est la mesure du monde (10), avec lequel il est né (11). L'Éternité est avant l'Intelligence ; le Temps est avant l'Ame (12).

Le Temps n'a pas son origine dans la génération ; car l'éternité est son paradigme (13), et l'image d'un paradigme éternel est éternelle comme lui (14). La génération, d'ailleurs, présuppose le Temps (15). Néanmoins, selon Timée, le Temps et l'Ame sont *engendrés*. Comme le Temps ni l'Ame ne sont des êtres corporels, il ne faut pas prendre ce mot *engendrés* dans toute la rigueur de sa signification. Timée veut dire que le Temps et l'Ame tiennent à la fois de l'Être et de la Génération, et sont les intermédiaires entre ces deux règnes (16). Aristote nous apprend qu'on appelle *engendrés* tout ce qui commence dans le Temps, par la génération ou sans elle (17).

Sous l'empire du Temps, l'Univers sera donc immobile et mû (18), antérieur et postérieur à la génération (19). Son mouvement sera le meilleur des mouvements (20) ; il sera uniforme (21) Comme fait à l'image d'un paradigme éternel, l'Univers ne sera pas *engendré* ; il le sera, comme

(1) Id., p. 77.
(2) Id., p. 239.
(3) Id., p. 87.
(4) Id., p. 241.
(5) Th. s. P. liv. III, c. 18.
(6) Voyez plus haut. p. 22-3.
(7) Comm. Tim. p. 244.
(8) Id., p. 250.
(9) Voyez plus haut p. 30.
(10) Comm. Tim. p. 235.
(11) Id., p. 75, 230, 231. — Contre les chrétiens, etc. V.

(12) Comm. Tim., p. 236.
(13) Id., p. 247.
(14) Comm. Parm. T. V, p. 52. — El. Th. prop. LXXVI. — Κατὰ Χριστιανῶν, περὶ αἰδιότητος τοῦ κόσμου, II, IV, XV, (apud Philoponum.)
(15) Comm. Tim., p. 88.
(16) Id., p. 78.
(17) Id., p. 83.
(18) Id., p. 153.
(19) Id., p. 84.
(20) Id., p. 277.
(21) Id., p. 276.

premier des êtres sensibles (1); il le sera, comme composé d'êtres complexes, ainsi que le disent avec raison Plotin, Porphyre, Iamblique (2); il le sera, comme œuvre d'une cause autre que lui-même (opinion de Crantor); il le sera, comme produit par le Temps (Plutarque, Atticus) (3). Et, pour tout dire en un mot, comme aucun corps ne s'engendre soi-même, parce que toute cause est indivisible et incorporelle (4); le monde, qui a un corps, devra compter sous ce point de vue parmi les *engendrés*; le monde, qui est âme et intelligence, devra compter aussi parmi les essences divines (5).

L'univers est heureux (6). Non que le mal en soit absolument exclu : il y trouve place, comme nous l'avons déjà dit, et comme nous le démontrerons bientôt, dans les âmes et dans les corps (7); mais le divin ensemble du monde n'en est pas affecté (8); le monde n'est autre que les Idées qui le composent; les idées sont essentiellement bonnes; l'œuvre qu'elles accomplissent en commun ne peut donc être qu'essentiellement bonne (9).

La beauté visible du ciel, l'ordre des révolutions du monde, l'accord de ses éléments, la sympathie qu'ont entre elles ses parties différentes, nous font assez comprendre quelle doit être la beauté de l'Univers. Mais si l'on se rappelle que toutes les puissances invisibles ont concouru à le produire, il n'est plus possible de douter que l'univers ne soit le plus beau des êtres *engendrés*. Les diverses forces qui agissent en lui forment ensemble un chœur harmonique, guidé par les émanations de l'Intelligence, animé par le souffle de la Vie divine. Dieu lui a communiqué quelque chose de son unité ineffable : l'univers est souverainement beau (10). Image d'un paradigme éternel qui est le plus beau des intelligibles, le monde ne pouvait manquer d'être le plus beau des sensibles (11); œuvre de Dieu, il est, à ce titre surtout, d'une éclatante beauté (12). Les deux noms qui désignent l'univers disent en même temps qu'il est beau, et qu'il le doit aux puissances invisibles : κόσμος le montre comme *paré* par l'Intelligence; οὐρανος (ὁρῶν τὰ ἄνω) comme contemplant, pour les reproduire, les êtres célestes (13).

Quelle figure pouvait le mieux convenir au plus beau des êtres sensibles, que celle qui, plus belle que toutes les autres, les contient toutes sans aucune exception (14)? Le monde est sphérique (15). Cette forme

(1) Id., p. 86.
(2) Id., p. 84-5.
(3) Ibid.
(4) Id., p. 90.
(5) Id., p. 89.
(6) Id., p. 2. — Contre les chrétiens, etc., IX.
7. Comm. Tim., p. 12.
(8) Contre les chrétiens, etc., IX.
(9) Comm. Tim., p. 17.
(10) Comm. Tim., p. 101.
(11) Comm. Tim., p. 72, 102.
(12) Comm. Tim., p. 124.
(13) Comm. Tim., p. 85.
(14) p. 160-1.
(15) Ibid., et p. 274.

exclut en quelque sorte les organes particuliers; mais le monde n'en a pas besoin, puisqu'il est animé d'une vie générale (1). Dans tous les cas, elle ne l'empêche pas d'avoir des sensations. Mais, dans la sensation, il faut distinguer l'affection corporelle et la connaissance qui se produit en même temps. Le monde n'éprouve pas l'affection; il n'a que la connaissance. Les animaux universels, ou les astres, ont des sensations analogues à celles de l'univers. Pour les animaux individuels, la connaissance est inséparable de l'affection. Il n'y a plus dans les plantes qu'un vestige de vie et de sensibilité (2).

La sphère du monde comprend plusieurs sphères, chaque sphère plusieurs astres, chaque astre plusieurs individus. Les sphères et les astres ont des âmes, qui, inférieures à l'âme du monde, sont pourtant des âmes universelles; les individus n'ont que des âmes particulières (3). Les astres sont donc des animaux divins (4) : car la présence d'une âme universelle et divine donne, même aux corps, quelque image de la Divinité (5). Les corps célestes sont composés des mêmes éléments qui forment à eux seuls le corps entier de l'univers; toutefois ces éléments sont ici dans leur monade, et, par conséquent, immatériels (6). Les distances des corps célestes entre eux sont, comme l'a montré Ptolémée, des rapports musicaux (7). Le ciel enfin paraît, à tous les égards, une région intermédiaire entre celle de l'intelligible, et celle de la génération (8).

Le monde, qui réunit l'une et l'autre, sera donc régi par deux lois de différente nature (9). Tout ce qu'il y a en lui de purement matériel (10), et l'âme, dans la proportion de son intimité accidentelle avec la matière (11), reconnaissent l'empire d'une loi constante, immuable, inflexible, qu'on nomme la Fatalité; l'âme, quand elle agit dans le sens de sa propre nature (12), l'Intelligence, qui n'a rien à redouter du contact de la matière (13), n'obéissent qu'à la Providence. Mais la Providence qui est supérieure à la Fatalité, la dirige et la mène; et tout, dans l'univers, est dans la main d'un seul maître, le Démiurge (14).

(1) Id., p. 104.
(2) Id., p. 165.
(3) Comm. Tim., p. 520.
(4) Id., p. 517.
(5) Elém. Th. prop. cxxix.
(6) Comm. Tim., p. 274.
(7) Id., p. 528.
(8) Comm. Tim., p. 285.

(9) De la Prov., etc., c. viii.
(10) De la Prov., etc., c. vi, ix.
(11) Comm. Tim., p. 62, 321.
(12) Th. s. P. liv. iv, c. 17, liv. v, c. 7. — Comm. Alc. t. ii, p. 206.
(13) Th. s. P. liv. v, c. 5, 6, 11.
(14) Comm. Répabl., p. 576. — De la Prov., etc., c. viii.

VI. *L'Homme.*

L'homme est une âme qui commande à un corps : ὁ ἂ ἄθρωπος ψυχή ἐςι σώματι χρωμένη (1). Cette définition est celle de l'homme considéré en soi, aussi bien que de l'homme visible. Pour celui-ci, la chose est évidente en ce qui regarde le corps; et quant à l'âme, rien de ce qui constitue l'homme ne saurait manquer à l'homme visible, puisque les êtres sensibles sont en communication, non avec telle ou telle partie de leur Idée, mais avec l'Idée tout entière (2). Mais peut-on dire de l'homme en soi qu'il est *une âme se servant d'un corps?*

Reconnaissons d'abord que l'essence véritable de l'homme, c'est l'âme (3) : le corps est son organe, nécessaire, il est vrai, mais rien de plus qu'organe (4). Ce serait donc s'exprimer inexactement que de dire : L'homme est le résultat de l'union de l'âme avec le corps (5). Le corps est tellement étranger à la substance même de l'homme, que tout ce qui est hors de l'âme est par cela même hors de nous (6). Serait-il raisonnable, en effet, de confondre la puissance des organes avec celle qui la dirige (7)? Et si cette distinction est admise, l'âme qui agit sur les organes ayant une action indépendante, n'aura-t-elle pas, comme le veut Aristote, une substance distincte et séparable du corps (8)? Nous le croyons, après Aristote et Platon : antérieurement au corps, l'Ame est un monde vivant (9); notre essence tout entière est dans les Idées et le Verbe (10).

Mais, le corps ainsi rabaissé à son véritable rang, il faut reconnaître qu'aucune âme, à aucun moment de son existence, ne saurait s'en passer. L'homme ne commence pas d'être, lorsqu'une âme descendue d'en-haut vient habiter ce corps périssable : les âmes qui tombent ainsi dans la génération, et s'allient à un corps humain, étaient des *hommes* antérieurement à leur chute (11)? Elles avaient, comme toutes les âmes, un véhicule en rapport avec leur nature, véhicule indivisible, inaffectible, éternel, comme produit immédiat d'une cause immobile (12). Ce véhicule n'est autre chose qu'un corps immortel; il est uni à l'âme, et la dispose par sa présence à s'unir plus tard avec un corps mortel (13). Il est l'intermédiaire qui la rapproche de l'enveloppe matérielle qu'il lui faudra subir : aussi

(1) Comm. Alcib. t. ii, p. 199. — Com. Tim., p. 555.
(2) Comm. Parm., t. v, p. 94.
(3) Comm. Alcib. t. ii, p. 45.
(4) Comm. Alcib. t. ii, p. 557.
(5) Comm. Alcib. t. iii, p. 198.
(6) De la Provid., etc., c. xlii.
(7) De la Provid., etc., c. xvii.
(8) De la Provid., etc., c. x
(9) Comm. Tim., p. 172.
(10) Comm. Alcib. t. iii, p. 144.
(11) Comm. Tim., p. 555.
(12) El. Th. prop. ccvii. ccviii.
(13) Comm. Tim., p. 290.

paraît-il en recevoir quelque chose. Immuable dans la réalité, il paraît d'autant plus complexe que l'âme est plongée plus avant dans la matière; il semble redevenir d'autant plus simple, que l'âme se purifie davantage, et secoue plus puissamment les liens qui la retenaient captive (1). De là vient que l'âme paraît avoir elle-même une certaine figure (2). Il est certain du moins que, si elle n'est pas figurée comme les corps, elle n'est pas, comme l'Intelligence, essentiellement supérieure à toute figure (3). Il suffit qu'elle entre dans un corps physique, pour qu'elle *s'étende* en quelque sorte, et se distribue dans toutes les parties du sujet qui la reçoit (4). Ainsi, l'âme descend peu à peu, à mesure que son véhicule, par des développements successifs, perd quelque chose de son immatérialité, jusqu'à ce qu'elle se trouve enfermée dans le corps, comme entre d'épaisses murailles : elle remonte peu à peu, lorsque, rejetant l'une après l'autre les chaines qui s'étaient redoublées autour d'elle, sa *nudité*, comme disent les oracles, reparaît enfin, et la replace à côté des Idées distinctes et immatérielles (5).

Il est donc vrai tout à la fois, et que l'âme est une substance intellectuelle, et qu'elle est, par le corps, engagée dans l'univers visible (6). C'est ce que nous voulons exprimer, quand nous disons que toute âme particulière tombe nécessairement dans la génération (7). L'Ame, qui est vie, force et mouvement, soutient, meut et anime un corps (8).

Nous serions arrivés au même résultat, en introduisant ici une distinction que nous établirons tout-à-l'heure : nous montrerons que l'âme est double, et que la seconde âme, ou âme sensitive, ne peut avoir d'existence que dans un corps, dont nous la concevons inséparable (9).

Ce rapprochement inévitable, qui asservit un corps à une âme, impose en même temps à l'âme la nécessité de subir l'influence du corps (10). Par le fait seul de cette union, l'âme est sensiblement rabaissée. L'*âme* est divine; l'homme est mortel (11). L'Ame ne relève que de l'Intelligence; l'homme dépend encore de la Divinité qui préside au mouvement général de l'univers (12); il est même, sous plus d'un rapport, soumis aux lois de la fatalité (13). Il faut avouer en même temps que certains maux du corps auxquels nous associons les âmes, la mort, par exemple, ou la perte des richesses et des honneurs, ne sont point pour elles de vé-

(1) El. Th. prop ccix, ccx.
(2) Th. s. P. liv. iv, 12.
(3) Comm. Tim., p. 187.
(4) Comm. Tim., p. 106. — L'âme est présente au corps tout entier, et à chacun des membres, quoiqu'ils ne participent pas tous à elle de la même manière. — Comm. Alcib. T. III, p. 190.
(5) Comm. Alcib. T. III, p. 18.
(6) Comm. Tim., p. 54.
(7) Comm. Tim., p. 524.
(8) Comm. Tim., p. 579.
(9) De la Prov. c. 5, 10.
(10) Comm. Parm. T. V, p. 48.
(11) Comm. Alcib. T. II, p. 245.
(12) Comm. Alcib. T. II, p 296.
(13) Comm. Tim., p. 62, 521. — De la Prov. c. 14.

ritables maux (1); c'est une fausse opinion qui nous les fait considérer comme tels (2).

Nos recherches sur l'homme se trouvent donc à peu près exclusivement ramenées à des recherches sur l'âme ; et ce que nous avons dit sur l'Ame divine et sur l'Ame du monde, n'a guère anticipé sur ce que nous allons dire de l'Ame humaine : celle-ci, en effet, n'a pas absolument la même essence que celle de l'univers (3). Autres sont les âmes divines, autres celles qu'aucune erreur n'empêche de suivre les premières, autres enfin les âmes humaines, placées entre l'intelligence et la non-intelligence (4), et tirées en sens divers par des forces ennemies(5). Les Ames supérieures sont absolument bonnes, celles qui expient leurs fautes dans le Tartare absolument vicieuses ; le propre de l'Ame, tant qu'elle habite sur la terre et dans le corps humain, c'est d'être également susceptible d'admettre en soi le bien ou le mal (6). Notre âme, et c'est ce qui caractérise plus spécialement son essence, n'est point, comme la matière, privée de toute énergie propre ; elle n'a pas, comme Dieu, le libre arbitre dans sa plénitude ; mais elle a le pouvoir de se déterminer pour le bien (7).

Les autres caractères de l'Ame humaine lui sont communs avec tout l'ordre des Ames. Elle existe en elle-même et dans sa propre cause (8). Elle est à la fois essence, vie, intelligence (9) ; ou, pour mieux dire, elle tient de l'essence, de la vie, de l'intelligence (10). Le terme prépondérant de cette triade, lorsqu'elle représente l'Ame, paraît être la Vie (11). Elle est incorporelle, incorruptible, immortelle (12).

A tous ces titres, elle est mesurée par l'Eternité (13) ; et en effet, l'essence de l'âme est éternelle (14). Mais il n'en est pas de même de ses actes. Ses actes sont des mouvements (15), c'est-à-dire des changements (16) ; or un changement, quel qu'il soit, ne s'accomplit que dans le temps (17). Ses pensées ne sont pas, comme celles de l'Intelligence, des intuitions immédiates, immuables, universelles (18); ce sont des notions à plusieurs termes, à développements successifs, et qui, par conséquent, doivent encore avoir lieu dans le temps (19). La même raison nous détermine à reconnaître la division dans l'âme ; il n'y a que l'intelligence qui soit réellement indivisible (20). Ainsi l'Ame est à la fois du

(1) Comm. Alcib. T. III, p. 221-2.
(2) De la Prov. c 16.
(3) Comm. Tim., p. 514.
(4) El. Th. prop. CLXXXIV, CLXXXV.
(5) Comm. Alcib. T. II, p. 117, T. III, 79.
(6) Comm. Alcib. T. III, p. 117-8.
(7) De la Prov. c. 16. — Comm. Tim., p. 214.
(8) Comm. Parm. T. VI, p. 119.
(9) El. Th. prop. CXCVII.
(10) Comm. Tim. p. 270.
(11) El. Th. prop. CLXXXVIII, CLXXXIX.

(12) El. Th. prop. CLXXXVI, CLXXXVII.
(13) Comm. Tim., p. 178.
(14) El. Th. prop. CXCI.
(15) Comm. Tim. p. 275.
(16) Comm. Parm. T. V, p. 294.
(17) Comm. Alcib. T. III, p. 80, 92-5.
(18) Comm. Tim., p. 270.
(19) Comm. Parm. T. VI, p. 156-7. — Comm. Alcib. T. II, p. 8. — Comm. Tim., p. 71, 247.
(20) Comm. Tim., p. 215.

domaine du Temps et de l'Éternité (1), du mobile et de l'immobile (2), du variable et de l'identique (3). Ceci se rapporte bien au rang que nous avons dû assigner à l'âme, qui est, avons-nous dit, intermédiaire entre les êtres intelligibles et les ordres sensibles (4); *engendrée*, mais hors du Temps (5), mais par Dieu (6), et devant être comptée aussi bien parmi les *Êtres* véritables que parmi les phénomènes (7), *être* vis-à-vis des corps, phénomène vis-à-vis de l'Intelligence (8).

À ce rang, l'Âme ne sera ni multitude inordonnée, ni unité pure ; mais il y aura en elle nombre et unité (9). Nous avons déjà signalé, d'après Platon, la triplicité de sa nature, lorsque nous avons reconnu dans l'Âme une partie raisonnable (λόγος), une partie énergique (θυμός), une partie passionnée (ἐπιθυμία) (10). Les deux dernières ne sont pas identiques : il y a dans l'âme irascible quelque chose de plus noble que dans l'âme des désirs et des passions (11). À plus forte raison, l'âme intellectuelle qui contient et apaise les deux autres, doit-elle en être distinguée (12). Mais cette triplicité n'est pas la seule qu'on remarque dans l'âme.

L'âme est un être : il faut déjà voir en elle les trois points de vue nécessaires de l'Être : Essence, puissance, acte (13). Mais son essence lui est propre; aussi a-t-elle ses caractères spéciaux : elle est existence ὕπαρξις, harmonie ἁρμονία, forme εἶδος (14). Enfin, sous le rapport de son existence, elle est ce qu'elle est, ressemble à ce qui est âme, diffère de ce qui ne l'est pas : elle est essence particulière, même et autre (15). De quelque côté qu'on l'envisage, elle est donc triple, c'est-à-dire qu'elle renferme le nombre.

Nous pouvons aussi, en considérant comme un seul élément tout ce qui dans l'âme est privé de raison, dire que l'âme est double (16). Nous distinguerions alors l'âme raisonnable, et l'âme sensitive (17), l'âme séparable, et l'âme inséparable du corps (18); l'âme divine, qui compte parmi les êtres, causes de leurs actions, et l'âme aveugle, qui est assimilée aux phénomènes, simples effets de véritables causes (19). Sous cet aspect, l'âme nous ferait souvenir que tout être se compose d'un mélange de Fini et d'Infini : Nous retrouverions le Fini dans la Raison, et l'Infini dans la Passion (20).

(1) Comm. Tim., p. 178.
(2) Comm. Tim., p. 213.
(3) Comm. Tim., p. 342.
(4) Comm. Tim., p. 122, 179, 517. — De la Prov. c. 54. — Comm. Alcib. T. III, p. 78-9, 80. — El. Th. prop. CXC.
(5) Th. c. P. liv. I, c. 29.
(6) Comm. Tim. p. 120.
(7) El. Th. prop. CXCII.
(8) Comm. Tim. p. 251.
(9) Comm. Tim. p. 172.
(10) Comm. Tim. p. 527. — Comm. Républ. p 498.
(11) Comm. Rép. p. 409. — Comm. Alcib. T. II, p. 297.
(12) De la Prov. c. XI.
(13) Comm. Tim. p. 181.
(14) Comm. Tim. p. 188.
(15) Ibid.
(16) Comm. Alcib. T. II. p. 237.
(17) De la Provid. c XXXI.
(18) De la Prov. p. c. III.
(19) Comm. Alcib. T. II. p. 265. — Comm. Tim. p. 137.
(20) Comm. Alcib. T. II. p 509.

Mais, que nous donnions à l'âme deux ou trois éléments, nous reconnaissons avant tout la simplicité, l'individualité, l'unité de son essence (1). L'*existence*, l'*harmonie*, la *forme*, sont identifiées dans l'âme (2). Et, quant à la distinction de l'âme raisonnable et de l'âme passionnée, la première ayant sur la seconde un pouvoir analogue à celui de l'idée sur ses images, lui communique l'unité qu'elle n'a pas, et se l'assimile comme une partie de son unité propre (3). L'âme n'a donc pas seulement le nombre, elle a aussi et surtout l'unité (4).

Il faut également reconnaître qu'elle est identique à elle-même : cette propriété lui est essentielle (5. Toute la série des Ames la possède en vertu de l'Ame première, dont tous les éléments sont de nature pareille, et dont la substance persévère identique (6). Mais l'identité de l'âme ne doit pas être égalée à celle de l'Intelligence ; comme aussi elle ne doit pas être confondue avec celle des corps (7) ; l'âme, essence intermédiaire entre le corporel et l'intelligible, possède une identité en quelque sorte intermédiaire 8). Libre dans ses actes, pouvant faire le bien ou le mal, l'âme, par sa manière d'agir, modifie jusqu'à un certain point sa nature : elle n'est pas seulement tel être qui vit, mais tel être qui vit de telle ou telle sorte (9) ; elle n'est pas seulement selon qu'elle est, elle est encore selon qu'elle vit (10). Nous n'avons pas oublié que si l'âme est un *être*, elle n'est que le dernier, et compte en même temps parmi les phénomènes (11).

L'Ame est une, mais composée de plusieurs parties ; une seule *raison* λόγος, mais qui résulte de plusieurs ; elle est, une comme l'Intelligence démiurgique, et comme elle aussi, elle a plusieurs puissances (12). On peut les classer en deux genres : les forces vitales, les forces intellectuelles (13). Il ne faudrait pas croire, parce que l'âme est plus spécialement caractérisée par la vie, que les forces vitales lui sont essentielles, tandis que les facultés intellectuelles ne seraient qu'adventices, et en quelque sorte étrangères à la nature de l'âme : l'âme est essence, mais essence vivante, l'âme est une vie, mais intelligente ; l'âme connaît et vit, au même titre qu'elle est (14).

Toutefois, le mode d'exercice de ces deux ordres de facultés est loin d'être le même. Maîtresse de ses forces intellectuelles (15), l'âme exerce nécessairement, indépendamment de sa volonté, toutes ses forces vi-

(1) Comm. Alcib. T. III, p 205.
(2) Comm. Tim. p. 178.
(3) Comm. Républ. p. 416.
(4) Comm. Tim. p. 190.
(5) Comm. Tim. p. 48.
(6) Comm. Tim. p. 209.
(7) Th. s. P. liv. I, c. 20.
(8) Ibidem.
(9) El. Th. prop CLXXXVIII.

(10) Πᾶσα ψυχὴ τοῦτο ἔςι τὸ μόριον ὃ ζῇ, καὶ κατὰ τοῦτο ἀφώρισεν ἑαυτήν. Comm. Alcib. T. II, p. 114.
(11) Voy. plus haut, p. 47.
(12) Comm. Tim. p. 207.
(13) Comm. Parm. T. IV, p. 109. Comm. Tim. p. 340.
(14) Comm. Alcib. T. III, p. 205-6.
(15. Comm. Alcib. T. III, p. 24-6. 77.

tales : c'est ainsi que , sans acte volontaire de sa part , elle communique la vie au corps qui la reçoit (1).

Ce sont les facultés intellectuelles , ou, pour mieux dire, les facultés de l'âme intelligente , qui réclament surtout notre attention. Avant toutes les autres , au-dessus même de celles qui sont inhérentes à la raison λόγος, essence de notre âme, nous devons placer la Contemplation , ou la faculté de nous réunir à l'unité divine (2). La Volonté libre (3) et le Désir (4), sont dans l'âme raisonnable , à côté de la faculté de connaître , dans laquelle nous distinguons la *conception* (νόησις), le *raisonnement* (λογισμος , διάνοια) , l'*opinion* (δόξα) , la *mémoire* (μνήμη) , la *représentation sensible* (φαντασία) (5) ; la *sensation* (αἴσθησις) doit être nommée à part, et après toutes les autres ; elle est à la fois la dernière de nos connaissances, et une affection corporelle (6).

Toutes ces facultés sont des facultés véritables , non des essences ou des actes ; elles ne sont point des essences , puisque aucune d'elles n'existe en soi, et que toutes ont besoin d'être contenues dans l'âme ; elles ne soint point des actes , puisque elles-mêmes en produisent ; elles sont des facultés (7) ; or , toutes les facultés de l'âme sont de même essence qu'elle ; l'âme est une raison vivante (λόγος), ses facultés sont des *raisons* λόγοι (8). Ces λόγοι sont réellement plusieurs dans l'âme (9) ; ils sont ordonnés entre eux hiérarchiquement selon l'importance de leurs actes (10), et l'âme est une raison composée de raisons (λόγος ἐκ λόγων) (11).

La contemplation (θεωρία) est la puissance que possède l'âme humaine, lorsqu'elle a fait taire en elle les orages des passions et la voix même de l'Intelligence , lorsqu'elle est concentrée dans l'unité qui domine son essence, de connaître l'un en s'unissant à lui (12) ; l'âme n'est plus alors une *raison* agissante , elle est raison pure ; l'âme n'est plus en elle-même, elle est dans le sein de la Divinité (13). La science qu'elle en rapporte n'a rien de commun avec ce que nous nommons science et philosophie ; mais il en résulte pour certaines âmes la fureur prophétique ou l'art expiatoire (14). De tous les actes qui produisent en nous la connaissance , la Contemplation est incontestablement le premier (15), ou, pour parler plus exactement, elle est antérieure à toutes les opérations de l'âme (16).

(1) Comm. Parm. t. v, p. 7.
(2) Comm. Républ., p. 553.
(3) Ibid.
(4) Id., p. 416.
(5) Th. s. P. liv. 1, c. 3. — Comm. Alc. t. 11, p. 299; t. 111, p. 45. — Comm. Parm. t. v, p. 216, 217, 512 — Comm. Républ., p. 533. — De la Provid., c. 10, 11, 12, 13, 20, 21, 22, 23, 24. — Dix doutes, c. 1.
(6) Comm. Tim., p. 51. — Comm. Républ., p. 415.
(7) Comm. Républ., p. 424.
(8) Comm. Tim., p. 73.

(9) Comm. Tim., p. 201.
(10) Comm. Tim., p. 211.
(11) Comm. Tim., p. 310.
(12) Comm Parm. t. v, p. 264; vi , p. 52, 68. — Dix Doutes, c. 6. — De la Provid., c. 15. — Comm. Tim., p. 68.
(13) Comm. Alcib. t. 11, p. 296. — Théol. s. P. liv. iv, c. 9.
(14) Th. s. P. liv. 1, c. 26.
(15) Comm. Alcib. t. 111, p. 105-6. — Comm. Parm. t. vi, p. 42.
(16) Th. s. P. liv. 1, c. 3. — Liv. iv, c. 9.

Elle n'est point, en effet, l'acte intellectuel ou intuition immédiate (1) ; elle n'est point le raisonnement avec ses phases successives (2) ; elle n'est point une science, et moins encore une opinion (3) ; mais elle est l'illumination de l'essence et de l'unité, ou, si l'on nous passe une expression poétique, de la fleur même de l'âme, qui nous exalte et nous transporte en Dieu (4).

C'est donc la contemplation qui nous donne la connaissance de Dieu ; elle seule pouvait nous la donner (5). Toute connaissance est une conversion du sujet qui doit connaître, vers l'objet qui doit être connu ; il s'établit entre ces deux termes une corrélation, une harmonie, une similitude (6) ; de là ce principe que le *semblable est connu par le semblable* (7) ; et cette conclusion que l'Un suprême ne peut être connu que par l'unité de l'Ame (8). Proclus revient souvent à cette précieuse faculté, pour laquelle il déclare sa vénération et son amour (9).

La première de nos facultés intellectuelles proprement dites, c'est la Conception (νόησις) (10) ; elle se trouve dans toutes les âmes humaines (11), mais elle n'y est qu'en vertu de leur participation à l'Intelligence (νοῦς) (12). L'intelligence, qui est supérieure à l'âme, exerce sur elle l'attraction qui rapproche les inférieurs de leur cause, et toutes les fois que l'âme cède à ce penchant qui l'élève, elle arrive à la Conception (νόησις) (13). La conception atteint les vérités premières (14), l'Intelligible (15) ; elle ne donne pas une simple notion, elle met en possession de la réalité même (16). Nous pensons comme Héraclite, que la connaissance des phénomènes est inférieure à la Conception ; ce que nous connaissons des phénomènes, dit-il, n'a rien de commun avec la très savante Intelligence (17).

D'après la loi que nous avons énoncée tout-à-l'heure en parlant de la Contemplation, et qui veut que le semblable soit connu par le semblable, il faudra que la manière dont la Conception connaît, soit en rapport avec la nature des objets de sa connaissance. Or, la conception, avons-nous dit, atteint l'intelligible qui est immuable : la Conception sera donc immuable (18). Ce sera en parlant de ses actes, que nous pourrons dire : *nous possédons la vérité ;* ce sera beaucoup d'oser dire, en parlant des

(1) Th. s. P. liv. I, c. 26. — Liv. IV, c. 9.
(2) Ibid.
(3) Comm. Tim., p. 92.
(4) Comm. Parm. t. VI, p. 42. — Comm. Alc. III. p. 105-6 — Comm. Tim., p. 92.
(5) Th. s. P. liv. I, c. 5. — Comm. Républ., p. 428.
(6) Comm. Tim., p. 229.
(7) Th. s. Pl. liv. I, c. 5. — Comm. Parm. t. VI. p. 55.— Comm. Alcib. t. III, p. 105-6; t. II, p. 57-8.
(8) De la Provid., c. 21. — Et tous les passages déjà cités.
(9) Th. s. P. liv. IV, c. 9.
(10) Comm. Parm. t. V, p. 182-5.
(11) Comm. Alcib. t. II, p. 247. — Comm. Tim., p. 68.
(12) Comm. Tim., p. 75.
(13) Ibid.
(14) De la Provid., c. 25. — Dix Doutes, c. 1.
(15) Comm. Parm. t. IV, p. 155.
(16) Comm. Parm. t. V, p. 150, 512.
(17) Comm. Tim., p. 51.
(18) Comm. Parm. t. V, p. 275.

actes des autres facultés; nous ne sommes pas dans l'erreur (1). La Conception est immédiate et tout entière dans le même instant (2), et la langue a pris soin de distinguer par des noms différents les pensées de ce genre, de celles qui supposent plusieurs opérations successives (κατανενοηκέναι, σκοπεῖσθαι) (3); aussi la Conception a-t-elle quelque chose d'inspiré, de divin; elle ne se développe remarquablement que dans les âmes les plus éclairées (4), et par un bienfait spécial des Êtres supérieurs (5).

Immédiatement après la Conception vient le Raisonnement (λόγος, λογισμος, διάνοια) (6), qui appartient tout entier à notre nature, et qui se rattache à la Conception, en ce qu'avec son secours il atteint aussi les réalités, mais qui s'en distingue, en ce que ses actes sont successifs (7). C'est encore la conception qui le dirige, et lui communique la puissance de connaître dans la mesure qui lui est propre (8). A ce point de vue, la Conception prend quelque chose du raisonnement et devient φρόνησις (9); le raisonnement prend quelque chose de la conception et devient νοερός (10). Le raisonnement a donc, pour ainsi dire, deux faces: Il aspire à l'Intelligence (νοῦς), et sous ce rapport nous remarquons qu'il ne saisit rien que par une suite d'opérations différentes (διεξοδος διηρημένη); qu'il ne dévoile les causes qu'en les décomposant (αἰτία διακεκριμένη) (11); ou bien il se pose vis-à-vis des puissances intellectuelles qui lui sont inférieures, et alors celles-ci ne nous offrent que des connaissances confuses, tandis que le raisonnement nous en offre de claires et d'ordonnées (12; les facultés inférieures se connaissent et connaissent le raisonnement, ou du moins en possèdent la notion; le raisonnement se connaît lui-même, et dans sa cause, connaît les facultés secondaires, et dans leur cause (13); et comme, en général, la connaissance des causes (14), la conception des principes accompagnée de la déduction de leurs conséquences, caractérise la science véritable (15), nous disons que le résultat des actes du raisonnement est scientifique (16), et que le raisonnement a plus de facilité naturelle à saisir les données offertes par l'intelligence, qu'à se rendre compte des faits présentés par l'âme, la nature et les corps 17. La science en effet est la connaissance complète de soi-même et de l'*Être* (18);

(1) Comm. Alcib. T. II, p. 251.
(2) Comm. Tim. p. 76 : Νόησις ὑπὲρ λόγον, καὶ ἀμετάβατος.
(3) Comm. Alcib. T. II, p. 257.
(4) Comm. Parm T. V, p. 215.
(5) Comm. Parm. T. V, p. 214.
(6) De la Provid., c. 12.
(7) Comm. Tim. p. 76 : Λόγος..... ὅς ἐςι τῆς ψυχῆς ἡμῶν νόησις μεταβατικῆς ἐφαπτομένης τῶν ὄντων.
(8) Comm. Tim. p. 78. Sévère le platonicien s'écartait de la vraie doctrine de son maître, au point de faire de la νόησις l'organe du λόγος.

(9) Comm. Tim. p. 112.
(10) Comm. Tim. p. 75.
(11) Comm. Tim. p. 121.
(12) Comm. Alcib. L III, p. 54.
(13) Comm. Tim. p. 79. — Comm. Républ. p. 425.
(14) Comm. Tim. p. 76.
(15) De la Provid. c. 11, 21.
(16) Comm. Alcib. t. II, p. 211. — Comm. Parm. t. v, p. 182, 512.
(17) Comm. Parm. t. v, p. 254.
(18) Comm. Parm. t. v, p. 210.

et le raisonnement, comme nous venons de le voir, est en rapport avec l'*Être*, par l'intermédiaire de la conception (1).

L'*opinion* (δόξα) est une forme inférieure du raisonnement (2), dont il ne faut pas la séparer; car elle est de même nature que lui ; elle compte parmi ces forces essentielles de l'âme (3) qui sont désignées par le nom de λόγοι (4); mais ses résultats ne sont pas scientifiques. Ses actes nous donnent de simples notions (ψιλὴ ἔννοια, οἴησις) (5); ce qu'on exprime, tout en laissant à l'*opinion* le nom de λόγος, par l'épithète qu'on y ajoute : δοξαστικός (6), tandis que λόγος ἐπιστημονικός ne désigne jamais que le raisonnement (7). Moins compréhensive et moins puissante que le raisonnement (8), l'*opinion* est supérieure à la *sensation* (9) : elle explique à l'âme ce qu'apporte la sensation (10); elle s'occupe même des objets du raisonnement et de la conception (11), mais avec une entière incertitude (12). Quelquefois elle rencontre le vrai (13); elle est alors en rapport avec l'*être* (14); le plus souvent elle se trompe (15). Dans tous les cas, elle ignore ce qu'elle vaut : car elle ne rend compte d'aucune cause (16). Aussi, quoiqu'il y ait encore après elle d'autres facultés qui nous apportent certaines connaissances, l'*opinion* est généralement regardée comme le dernier degré de la vie intellectuelle (17).

Nous devons placer ici la *mémoire*; elle se rapproche beaucoup plus que la sensation des facultés qui produisent la science dans les âmes humaines (18). Toute notre science est-elle en effet autre chose qu'une réminiscence de ces vérités, dont l'éclat a frappé notre âme, lorsqu'elle habitait encore le séjour céleste (19)? Les vestiges de ces idées divines constituent en quelque sorte une science inhérente à l'essence même de l'âme, bien supérieure à ce que l'âme découvre par elle-même, ou aux souvenirs que réveillent en elle les objets extérieurs (20). La science est donc en nous : et c'est par un retour sur nous-mêmes que nous devons surtout la chercher (21). Le travail en est pénible : car les âmes, en tombant dans la génération et dans les corps, ont nécessairement oublié (22). Aussi la mémoire est-elle plus facile à éveiller chez les enfants, qui,

(1) Comm. Républ. p. 425.
(2) Comm. Tim. p 76.
(3) Comm. Tim. p. 68.
(4) Idem p. 73.
(5) Comm. Alcib. t. II, p. 252.
(6) Comm. Tim. p. 73.
(7) Comm. Alcib. t. II, p. 211.
(8) Comm. Tim. p. 46. — Comm. Alcib. t. II, p. 299.
(9) Comm. Tim. p. 76.
(10) Ibid. Κατὰ λόγον οὖσα γνῶσις τῶν αἰσθητῶν
(11) Idem p. 77.
(12) Comm. Alcib. t. II. p. 252. — Comm. Parm. t. IV, p. 155, t. V, p. 512.
(13) Comm. Parm. t. V, p. 482.
(14) Comm. Rép. p. 425.
(15) Ibid.
(16) Comm. Rép. p. 425. — Comm. Tim. p. 79.
(17) Comm. Rép. p. 425. — Comm. Tim. p. 76.
(18) Comm. Républ. p. 415.
(19) Comm. Parm. t. V, p. 480.
(20) Comm. Alcib. t. III, p. 97-8, 100.
(21) Comm. Alcib. t. II, p. 41.
(22) Comm. Tim. p. 26. — Comm. Alcib. t. II. p. 17, 57.

comme le remarque Porphyre, moins avancés dans la vie humaine, ont l'imagination plus ardente et le raisonnement plus clair (1).

La *représentation sensible* (φαντασία) ne doit nous arrêter qu'un instant ; elle diffère trop peu de la sensation (2). Elle est comme le regard que l'Ame jette en bas vers la génération (3). Elle voltige en nous comme un de ces oiseaux de Stymphale qui bannissent le repos d'autour d'eux (4). Néanmoins la connaissance qu'elle nous donne est pure de tout mélange avec la matière, à la différence de celle que la sensation nous apporte (5) ; et voilà pourquoi la *représentation sensible* vient immédiatement après l'opinion (6).

Si la sensation n'était que l'affection corporelle (αἰσθητήριον πάθος) dont elle est inséparable, elle ne mériterait pas de trouver place ici ; mais elle est en outre la perception d'un corps (7). Ce corps a touché l'un de nos sens ; l'organe s'ébranle, la sensation a lieu (8). Ce n'est pas, il importe d'y prendre garde, le corps en lui-même, son essence, que la sensation nous fait connaître (9) ; elle ne signale que les qualités : la sensation nous dit que ceci est blanc, elle ne sait pas ce que c'est que le blanc (10). La sensation est connaissance d'un autre et dans un autre, fort inférieure à la connaissance immatérielle et de soi-même (11) ; inférieure, en général, à toute connaissance intellectuelle (12). Il serait impossible de la ranger parmi les λόγοι, puisqu'elle est absolument irréfléchie (13) ; d'un autre côté il serait plus étrange de la confondre avec le θυμός et l'ἐπιθυμία qui sont des *désirs*, tandis que la sensation, à un degré bien bas, il est vrai, est une connaissance (14). Non qu'elle n'ait rien de commun avec les désirs (15) ; j'entends avec ces mauvais désirs que la matière fait naître dans les âmes (16); car, pour les saints désirs qui nous élèvent vers l'intelligible, qui nous excitent à la philosophie, la sensation leur est étrangère (17). Et ce n'est pas à ceux-là que songeait Plotin, quand il a dit : les passions sont la sensation elle-même, ou du moins ses compagnes inséparables (18). Une telle alliance ne peut nous étonner, entre les mouvements de l'âme les plus désordonnés (19), et ses connaissances les

(1) Comm. Tim., p. 60.

(2) Il arrive même assez souvent que Proclus oublie de la nommer avec les autres facultés qu'il reconnaît à l'âme. Elle ne figure point dans l'énumération qu'il fait aux chapitres 10 à 15, et 20 à 24 du Traité de la Providence ; ni dans la liste qu'il donne des facultés avec leurs définitions . Comm. Tim., p 76. Mais elle figure dans les passages de l'Alcibiade et du Parménide que nous allons citer.

(3) Comm Tim , p. 82.

(4) Comm. Parm. t. v. p. 512.

(5) Comm. Alcib. t. III, p. 45.

(6) Comm. Alcib. t. II, p. 299.

(7) Comm. Tim., p. 76 : Ἄλογος ὑπάρχουσα τῶν αἰσθητῶν γνῶσις.

(8) De la Provid. c. 10.

(9) Comm. Tim., p. 77.

(10) Ibidem.

(11) Comm. Parm. t. v, p. 204.

(12) Comm. Parm t. v, p. 232. — De la Prov. c 51. — Comm. Tim , p. 51, 105.

(13) Comm. Républ., p. 415.

(14) Ibid .

(15) Ibidem.

(16) Comm. Tim., p. 82.

(17) Comm. Républ., p. 416.

(18) De la Prov. c. 10.

(19) De la Prov. c. 5. — Comm. Alcib. t. II. p. 247.

plus incertaines (1) ; que dis-je ? les plus funestes. Celui qui aime les sensations, doit, dans son intérêt, borner sa carrière ; celui qui marche vers l'intelligible, peut toujours aspirer sans danger à monter plus haut qu'il n'est parvenu (2). On ne pourrait mettre au-dessous de l'homme absorbé par les sensations, que l'homme qui rêve endormi : car dans le songe, l'âme elle-même sommeille, et c'est la nature seule qui agit (3).

Mais comment l'Ame arrive-t-elle à connaître ses facultés et leurs actes ? L'âme, qui est un être incorporel, a le pouvoir de se replier sur soi-même (4) ; l'âme qui est un être cause, de ses propres actions, ne peut que gagner à *réfléchir* ainsi (ἐπιστρέφεσθαι) (5) ; l'âme, qui est une puissance intellectuelle, connaît tout par sa *réflexion* (ἐπιστροφή) (6). Elle connaît son acte, et la connaissance qu'elle en a (7). Elle peut donc saisir le premier venu de ses actes, l'étudier, le rapporter à la puissance particulière qui l'a produit, sachant que cette puissance en a été la cause, et de là, remonter jusqu'à son essence. Arrivée là, l'âme qui connaît se confond avec l'âme qui est l'objet de sa connaissance (8).

Il nous reste à parler de la volonté, qui n'est pas une simple faculté de l'âme, mais qui en est l'attribut essentiel (9). L'âme est la cause de ses actes (10). Elle-même s'excite à la perfection (11) ; elle même se décide à faillir (12) ; le pouvoir de choisir le bien (13), ou de se déterminer pour le mal (14), est la liberté (αὐτεξουσία) (15). C'est dans l'âme intellectuelle que réside la liberté (16) ; selon l'usage qu'elle en fait, cette âme domine le corps, ou tombe sous son empire (17). Serait-il possible en effet, que deux âmes, la raison et la sensation, fussent en présence, en relations continuelles, et que de l'une sur l'autre, il n'y eût pas influence réciproque (18) ? Il n'en est pas ainsi ; chacune se ressent du voisinage de l'autre ; la raison y perd quelque chose de sa liberté ; un fantôme de liberté décore la sensation (19).

Mais, de ce que nous reconnaissons dans le commerce de l'âme avec le corps une cause d'altération pour la liberté, s'ensuit-il que nous soyons d'accord avec ceux qui la nient ? Transformerons-nous cette influence du corps en un complet asservissement de l'âme à la fatalité ? Nous essaierons au contraire de montrer le néant de cette objection et de quelques autres.

(1) Comm. Parm. t. v. p. 512.
(2) Comm. Parm. t v. p. 257.
(3) Comm. Tim., p. 346 d
(4) El. Th. prop. xv, xvii. xlii, clxxvi.
(5) Comm. Alcib. t. ii. p. 43.
(6) Comm. Tim., p. 229.
(7) Comm. Alcib. t. iii, p 145. — De la Prov. c. 12.
(8) Comm. Alcib. t, iii, p. 145.
(9) Comm. Tim., p. 214. — De la Prov. c. xvi, xlviii.

(10) αὐτοκίνητος. Comm. Alcib. t. ii, p. 41.— Comm. Parm. t vi, p. 119.
(11) Comm. Alcib. t. iii, p. 83.
(12) Comm. Parm. t. iv, p. 96.
(13) De la Prov. c. 15.
(14) Comm. Parm. t. iv, p. 76.
(15) Comm. Parm. t. v, p. 7.
(16) De la Prov. c. 19.
(17) De la Prov. c. 15.
(18) De la Prov. c. 5.
(19) Comm. Alcib. t. iii, p. 77.

Tous les événements, dit-on, sont dirigés par un pouvoir supérieur ; l'homme, quand il est malheureux, ne manque jamais de s'en prendre au destin ; et c'est dans la prospérité, qu'un fol orgueil le porte à se proclamer la cause de ses actions (1).

Sans doute, il n'est point d'événement qui ne dépende, après Dieu, cause de tous les êtres, de l'ordre universel du monde ; quelquefois, selon la nature du fait, la volonté libre de l'homme influe sur l'événement ; souvent elle n'y peut rien (2). Mais nous ne plaçons point la liberté dans le pouvoir d'accomplir les actes extérieurs. La liberté, c'est la faculté que nous avons de choisir, de nous déterminer par nous-mêmes ; c'est l'opinion commune des philosophes, c'est ce qu'enseignent les oracles (3). S'agit-il d'apprécier la moralité d'un acte ? Notre détermination est tout. S'agit-il d'en apprécier le succès ? Notre détermination n'est qu'un élément, quand elle en est un (4).

Mais si l'homme croyait à sa liberté, pourquoi le verrions-nous sans cesse interroger le sort, même sur ce qui dépend de sa volonté propre ? —C'est précisément parce qu'il attribue à sa volonté une part d'influence sur l'issue des événements, qu'il cherche à s'en instruire : à quoi bon connaître d'avance une catastrophe, irrévocablement arrêtée par un pouvoir supérieur, et dès lors infaillible (5) ?

Les adversaires de la liberté emploient encore d'autres armes ; ils cherchent dans la doctrine de ceux qui l'admettent certaines propositions qu'ils dénaturent, ou dont ils tirent des conséquences imaginaires ; puis ils se flattent d'avoir triomphé. L'âme inférieure, avons-nous dit, la sensation, est sous l'empire de la fatalité. Oui, disent-ils ; et comme la sensation est l'âme tout entière, la liberté n'existe pas. Mais nous avons montré ailleurs que la sensibilité est incapable de se replier sur elle-même, tandis que l'âme le fait ; que la sensation ne saurait atteindre la vérité, tandis que l'âme le peut. Ce qu'il y a de plus étrange, c'est que cette objection soit proposée par des mathématiciens, dont la science ne fait autre chose que de contrarier par des notions purement rationnelles les apparences données par la sensation. Ne devraient-ils pas être les premiers à voir qu'au-dessus de la sensation il faut une autre âme, douée d'une activité propre, immatérielle et distincte du corps, capable de s'élever vers l'intelligence dont elle procède, comme aussi, nous l'avouons, de tomber vers la sensibilité qui lui est inférieure (6) ?

Nous avons dit que la liberté, c'est-à-dire le pouvoir de se déterminer pour le bien ou pour le mal, appartenait essentiellement à l'homme : ils

(1) De la Prov. c. 23.
(2) De la Prov. c. 23-1. — Comm. Parm. t. IV, p. 61.
(3) De la Provid., c. 27.
(4) Id., c. 28.
(5) Id., c. 29, 50.
(6) Id., c. 51, 52, 53, 54.

en ont conclu que nous lui accordions une puissance non seulement inhérente à son être (αὐτεπίργητον), mais encore indépendante, sans limites (αὐτοπεριγραπτον), universelle; comme si nous confondions la liberté humaine avec l'omnipotence divine (1).

Enfin nous avons attribué à Dieu la connaissance de l'avenir, sans quoi, il nous ressemblerait sous le rapport de la science, il ne serait pas Dieu. Si Dieu sait l'avenir, disent-ils (et c'est incontestablement leur plus sérieuse objection), ce que Dieu sait devoir être sera nécessairement, et nous ne sommes pas libres. Cette conclusion, si elle était admise, supprimerait et la liberté de l'homme et tout contingent. Les philosophes qui veulent maintenir l'existence du contingent, n'hésitent pas à dire que Dieu ne connaît pas d'une manière déterminée ce qui est indéterminé : tels sont les Péripatéticiens. Les Stoïciens, au contraire, ne croient pas pouvoir refuser à Dieu la connaissance déterminée de l'indéterminé; ils nient la liberté humaine et admettent la fatalité. Platon reconnaît en Dieu la connaissance déterminée de l'indéterminé; mais il ne la croit pas incompatible avec la liberté des actes humains et la contingence de certains événements. La connaissance, en effet, n'est pas de la nature de l'objet connu mais bien de la nature du sujet qui connaît. Nous admettons le contingent, nous admettons que Dieu le connaît; nous ajoutons, sans croire porter la moindre atteinte à l'existence du contingent, que Dieu le connaît d'une manière déterminée (2).

Cette solution paraîtrait inadmissible, si nous prétendions que l'indéterminé est en Dieu au même titre que le déterminé. Mais notre doctrine tout entière proteste contre une telle interprétation. En Dieu, rien de variable, de contingent, d'indéterminé; mais dans les créatures, la détermination est plus ou moins parfaite, selon le degré qu'elles occupent dans la hiérarchie des êtres; et, lorsque nous arrivons aux actes des créatures, quoi d'étonnant si nous y trouvons le contingent? quoi d'invraisemblable que Dieu le connaisse? L'existence du contingent comme tel, la connaissance déterminée que Dieu a du contingent, ne nous paraissent ni contradictoires, ni même difficiles à concilier (3).

Ces objections sur la liberté de l'homme nous ont long-temps arrêtés, mais la question était de la plus haute importance : si nous ne pouvions démontrer la liberté, c'en était fait de la philosophie (4).

Nous admettons donc la liberté, mais nous l'admettons à son rang et dans les conditions que lui impose la nature humaine. L'homme est libre; mais cette liberté lui est donnée par Dieu, s'exerce dans le sein de Dieu,

(1) Id., c. 46, 49.
(2) De la Provid., c. 50, 51, 52. — Dix Doutes, c. 2.
(3) Dix Doutes, c. 5.
(4) De la Provid., c. 55.

est à chaque instant limitée par Dieu (1). L'homme est libre ; mais ses choix volontaires sont connus par Dieu de toute éternité (2). L'homme est libre ; mais Dieu connaît d'avance les plus secrets mouvements de nos âmes (3).

L'homme est donc obligé par la sensation d'entrer en relation avec les objets extérieurs ; il possède la raison qui corrige les erreurs des sens, et met l'homme en rapport avec lui-même et l'intelligence ; il est armé de la volonté, qui imprime une direction aux forces dont il dispose ; sa nature étant telle, peut-il parvenir à la vérité ?

Qu'il existe une science, tout notre enseignement tend à l'établir : les principes sont principes par eux-mêmes, et non parce qu'il nous semble qu'on doit les nommer ainsi (4). Que la science, que la vérité, puissent être notre partage ici bas, nous ne saurions le révoquer en doute (5) ; notre âme apporte avec elle, en descendant de son premier séjour, une science qui fait partie des conditions de son être (6). Mais si la science et la vérité ne nous sont pas étrangères, il est également vrai que nous ne saurions les posséder dans toute leur plénitude et dans tout leur éclat (7). La vérité première est en Dieu, en Dieu seul (8) ; notre science n'est qu'un pâle reflet de la connaissance divine (9) ; heureux encore quand nous y parvenons (10) ! La funeste influence de la génération nous empêche de lire la vérité au fond de notre âme (11), et telle est sa puissance, que les âmes les plus saintes et les plus pures ne peuvent, descendues dans les corps, reconquérir la science qu'elles possédaient avant leur chute, et dont elles jouiront après leur délivrance (12). Nous ne pouvons connaître les intelligibles que par leurs images (13) ; nos connaissances ne se produisent que sous la loi du mouvement et de la succession, bien différentes en cela de la science divine qui est immuable dans l'Éternité (14). Croyons-en Socrate qui, sans mépriser ce qu'il nous est donné d'acquérir ici bas, soupirait après les connaissances que nous atteindrons dans un monde meilleur (15) ; croyons-en Platon, qui admet la science humaine, puisqu'il déclare que, sans elle, on ne pourrait rien affirmer même du contingent, mais qui ne doute pas que notre *science* ne nous paraisse bien indigne de ce nom, lorsque nous posséderons la science divine (16).

Telle est la portée de notre science ; voyons quels sont ses procédés :

(1) Comm. Alcib. t. II, p. 502.
(2) Id., p. 505.
(3) Id., p. 501.
(4) Comm. Parm. t. VI, p. 23.
(5) Comm. Alcib. t. III, p. 60.
(6) Comm. Alcib. t. III, p. 97-8.
(7) Comm. Tim., p. 104.
(8) Comm. Tim., p. 107.
(9) Comm. Parm. t. V, p. 181.
(10) Comm. Tim., p 107.
(11) Comm. Alcib. t. III, p. 60.
(12) De la Provid. c. III.
(13) Comm. Parm. t. V, p. 215.
(14) Th. s. P. Liv. I, c. 21.
(15) De la Provid. c. xxxviii, xxxix.
(16) De la Provid. c. XLII.

toute vérité se démontre au moyen d'une vérité plus générale (1) ; car un principe est d'autant plus scientifique, recèle des conséquences d'autant plus légitimes, qu'il se rapproche davantage du principe unique et universel (2). D'un autre côté, les vérités générales ne se démontrent pas (3) ; si elles avaient besoin de démonstration, cela ne pourrait avoir lieu qu'au moyen d'un principe encore plus général, pour lequel la difficulté renaîtrait ; il faut donc admettre comme la base de toute science les vérités du sens commun (4), qui ne sont autre chose que les intuitions intellectuelles (5). Les notions généralement admises peuvent être erronées ; le plus souvent, néanmoins, elles conduisent à la vérité (6). Sans elles, il n'y aurait que confusion dans nos raisonnements (7) ; en vain les connaissances apportées par la sensation, les idées recueillies par la mémoire. s'offriraient à nous pour point de départ ; la science ne se ferait pas (8) ; la science, qui n'est autre chose que la composition et la décomposition des idées (9), a besoin d'un point d'appui solide et inébranlable, et le trouve dans les vérités intellectuelles (10).

Mais qu'est-ce que la réalité intellectuelle, type et cause de ce qui en découle, sinon l'*idée?* Si nous n'avions la connaissance de l'*idée*, nous ne posséderions pas la raison des choses ; il faudrait renoncer à nos méthodes dialectiques ; tout raisonnement nous deviendrait impossible (11).

Les procédés de la dialectique sont au nombre de quatre : elle définit (ὁριστική), elle divise (διαιρετική), elle démontre (ἀποδεικτική), elle analyse (ἀναλυτική) (12).

Nous partons de la connaissance de l'*idée* première ; nous pouvons immédiatement constater les distinctions naturelles des objets ; nous divisons (13) ; notre objet choisi, nous le définissons. La définition, pour être bonne, doit pouvoir s'appliquer à tous les individus que comprend la généralité définie (14). Elle est comme une traduction dans le langage de l'âme, de la notion intellectuelle que nous avons [de l'*idée* (15). La définition devient la base de la démonstration et de l'analyse (16) ; de la démonstration, qui va de la cause à l'effet ; de l'analyse, qui de l'effet remonte à la cause (17).

Tout ce qu'on peut supposer de puissance à ces quatre procédés réunis, est contenu dans la célèbre méthode (18) que Platon emprunta aux

(1) Comm. Parm. t. v, p. 144.
(2) Comm. Parm. t. v, p. 228.
(3) Comm. Parm. t. vi, p. 66.
(4) Ibidem.
(5) Id. p. 106.
(6) De la Provid. c. iv.
(7) De la Provid. c. iv.
(8) Comm. Parm. t. v, p. 255. — Comm. Tim. p. 31.
(9) Comm. Tim. p. 256.
(10) Comm. Parm. t. v, p. 256.
(11) Comm. Parm. t. v, p. 258
(12) Id. p. 284.
(13) Id. p. 257.
(14) Id. p. 256.
(13) Id. p. 255.
(16) Id. p. 256.
(17) Id. p. 257-8.
(18) Id. p. 284.

Éléates (1) , et qu'il appelle méthode dialectique ou divisive (διαιτική, ou διαιρετική) (2). La question énoncée, on la pose affirmativement, puis négativement; l'hypothèse de l'affirmation donne lieu à quatre recherches. Admettant l'existence de l'objet en question , 1° qu'en résulte-t-il relativement à lui-même? 2° qu'en résulte-t-il pour ce qui n'est pas lui? 3° qu'arrive-t-il aux autres, dans leurs rapports réciproques? 4° qu'arrive-t-il aux autres, dans leurs rapports avec l'objet de la question? Chacune des quatre recherches que nous venons d'indiquer donnera lieu à trois sortes de considérations: 1° conséquences positives , ou faits qu'on affirme devoir résulter de l'hypothèse admise ; 2° conséquences négatives , ou faits qu'on affirme n'en pouvoir pas résulter ; 3° conséquences douteuses , ou faits qu'on ne veut pas affirmer , et qu'on n'ose pas nier devoir ou ne devoir pas suivre (3).

On peut demander à quoi bon, si l'on suppose qu'une chose n'est pas, rechercher ce qui en résulte relativement à elle-même: que peut-il arriver à qui ce n'existe pas? Mais il faut remarquer que l'on ne fait jamais l'hypothèse du néant absolu. Qui peut connnaître le néant absolu? Qui peut en parler? Quand donc nous supposons que telle chose n'est pas, nous supposons qu'elle est sous quelque rapport, mais non sous celui qui fait qu'elle est telle; nous pouvons alors chercher ce qui en résulte (4).

Nous donnerons un exemple de cette importante et féconde méthode ; et nous traiterons sous cette forme la question de la *nature de l'Ame* (5).

PREMIÈRE HYPOTHÈSE : *l'Ame existe.*

Si l'Ame existe :

1° *Que s'ensuit-il pour elle?* — Elle est cause de ses propres actions , principe de sa propre vie ; elle est un être véritable et en soi.

2° *Que n'en résulte-t-il pas?* — Il n'en résulte pas qu'elle soit mortelle , incapable de connaissance.

3° *Qu'est-ce qui tout ensemble en résulte et n'en résulte pas?* — Il s'ensuit et ne s'ensuit pas qu'elle est divisible, qu'elle est éternelle. (En effet , elle est indivisible sous un rapport , divisible sous un autre, étant intermédiaire entre l'ordre intelligible et l'ordre sensible.)

(1) Id. p. 281.
(2) Comm. Parm. t. IV, p. 10-2.
(3) Comm. Parm. t. IV, p. 10-2. — T. V, p. 281-3.
(4) Comm. Parm. t. V, p. 279-281.
(5) Proclus donne un grand nombre d'exemples : il traite ainsi de l'Ame, de la Providence, la Multiplicité des premiers principes, la Similitude , le Repos et le Mouvement , l'Immortalité de l'Ame. Nous avons choisi celui qui est le plus complet, ou, pour mieux dire, qui est le seul complet. Ces exemples remplissent à peu près le Ve livre du Comm. t. V, p. 254-329.

Si l'Ame existe :

1° *Que s'ensuit-il pour les corps ?* — Ils deviennent, par la présence de l'Ame, des animaux, reçoivent l'organisation et le mouvement, sont gouvernés par l'Ame.

2° *Que n'en résulte-t-il pas?* — Il n'en résulte pas que le mouvement vienne au corps de l'extérieur.

3° *Qu'est-ce qui tout ensemble, etc. ?* — Il s'ensuit et ne s'ensuit pas que le corps jouit de la présence de l'Ame. (Elle est présente au corps par sa Providence, et non par son essence.)

Si l'Ame existe :

1° *Que s'ensuit-il pour les corps relativement à eux-mêmes ?* — Ils éprouvent une sympathie réciproque.

2° *Que n'en résulte-t-il pas?* — Il n'en résulte pas qu'ils soient insensibles (car un corps habité par une âme a de la sensibilité).

3° *Qu'est-ce qui tout ensemble, etc. ?* — Il s'ensuit et ne s'ensuit pas que les corps habités par une âme se meuvent eux-mêmes.

Si l'Ame existe :

1° *Que s'ensuit-il pour les corps relativement à l'Ame?* — Que les corps sont, de leur intérieur, mûs par l'âme, organisés et conservés.

2° *Que n'en résulte-t-il pas?* — Il n'en résulte pas que les corps soient détruits, désorganisés par l'Ame, et privés de la vie.

3° *Qu'est-ce qui tout ensemble, etc.?* — Qu'ils participent à l'Ame et n'en participent pas. (Tantôt, en effet, cette participation a lieu et tantôt non.)

DEUXIÈME HYPOTHÈSE : *L'Ame n'existe pas.*

Si l'Ame n'existe pas :

1° *Que s'ensuit-il pour elle relativement à elle-même?* — Elle n'a ni l'essence, ni la vie, ni l'intelligence.

2° *Que n'en résulte-il pas?* — Il n'en résulte pas qu'elle existe en soi, qu'elle se meuve et se conserve d'elle-même.

3° *Qu'est-ce qui tout ensemble, etc ?* — Qu'elle soit privée de raison, et de toute connaissance de soi-même.

Si l'Ame n'existe pas :

1° *Que s'ensuit-il pour elle relativement au corps?* — Qu'elle ne le produit pas, ne s'unit pas à lui, ne devient pas sa providence.

2° *Que n'en résulte-t-il pas?* — Il n'en résulte pas qu'elle les organise, leur communique la vie et le mouvement.

3° *Qu'est-ce qui tout ensemble, etc.?* — Il s'ensuit et ne s'ensuit pas qu'elle est *l'autre* pour les corps, et n'a pas de rapports avec eux.

Si l'Ame n'existe pas :

1° *Que s'ensuit-il pour les corps relativement à eux-mêmes?* — Ils n'ont pas de mouvement, de vie particulière qui les distingue les uns des autres, de sympathie réciproque.

2° *Que n'en résulte-t-il pas?* — Qu'ils se connaissent par la sensation, qu'ils se meuvent mutuellement.

3° *Qu'est-ce qui tout ensemble, etc.?* — Qu'ils fassent impression les uns sur les autres. (Il y aura bien impression corporelle, mais nulle sensation.)

Si l'Ame n'existe pas :

1° *Que s'ensuit-il pour les corps relativement à l'âme?* — Qu'ils ne sont pas sous sa Providence, qu'ils ne reçoivent pas d'elle le mouvement.

2° *Que n'en résulte-t-il pas?* — Qu'ils soient organisés et maintenus par elle.

3° *Qu'est-ce qui tout ensemble, etc.?* — Qu'ils sont et ne sont pas assimilés à elle (1).

Voilà dans son intégrité cette méthode qu'Aristote réduit à deux questions : Si telle chose est, qu'en résulte-t-il? que n'en résulte-t-il pas? Ce n'est pas là simplifier, mais dénaturer la méthode (2). Il faut avouer que les règles universelles sont plus faciles à saisir qu'à mettre en pratique. Personne, depuis Platon (3), n'avait appliqué la méthode; car on n'oserait nommer Ammicartus; voilà pourquoi nous avons cru devoir la remettre en lumière, et tâcher d'en faire une exposition complète (4). On n'en saurait imaginer de meilleure pour éclaircir la nature des objets (5).

Pouvons-nous, en effet, trouver assez de secours, imaginer d'assez puissants moyens pour lutter contre les erreurs qui nous assiègent? N'a-

(1) Comm. Parm. t. v, p. 286-8.
(2) Comm. Parm. t. v, p. 289.
(3) Plat. in Sophist.
(4) Comm. Parm. t. v, p. 506.
(5) De la Provid., c. IV.

vons-nous pas dans le corps, instrument nécessaire des actions de notre âme, une première cause d'aveuglement et d'erreur (1)? L'Ame est profondément modifiée par les êtres qui sont en rapport avec elle : lorsqu'elle communique avec l'intelligible, elle prend quelque chose de son immutabilité; lorsqu'elle se plaît à resserrer les liens qui l'attachent à la génération, elle devient inconstante, se berce d'opinions irréfléchies, et s'éloigne de la vérité (2). Les passions la troublent et la déchirent (3); et, soit qu'on dise, avec les stoïciens, que les passions naissent dans l'âme à la suite des fausses opinions; soit qu'on prétende, avec quelque raison, que les fausses opinions se glissent dans l'âme à la faveur du trouble que les passions y ont excité, il n'en résulte pas moins un cruel dommage pour la vie intellectuelle (4).

Et hors de nous-mêmes, n'avons-nous pas encore pour nous entraîner loin de la voie véritable cette multitude aveugle et ignorante (5), qui prend les phénomènes pour les réalités, et, sur les pas des sophistes, ses guides naturels, marche à l'erreur par la légèreté, l'insouciance et la contradiction (6)? Malheur à l'homme qui cherche sa science avec de tels conseillers, et qui s'étudie dans de tels exemples! Ce n'est qu'en nous repliant sur nous-mêmes, en observant notre âme et ses puissances, que nous parviendrons à quelque connaissance réelle de la nature humaine (7).

Nous avons dit quelle est l'essence de l'âme, et de quelles facultés elle est pourvue : il nous reste à la suivre dans ses actions, en décrivant la loi qui doit y présider. Cette partie de l'étude de l'Ame est d'une haute importance; les mythes nous en font concevoir une bien grande idée, lorsqu'ils nous montrent le Démiurge distribuant la vie générale en trois sources différentes : à l'une, il puise l'essence des Ames; à l'autre, leurs vertus; à la troisième, le mouvement des corps. La vertu dans les Ames découle d'une source particulière, comme leur essence même (8).

L'univers tout entier, avec les forces de nature si différente qui concourent à le produire, obéit à une loi générale d'organisation et d'action (πολίτεια). L'âme, cette image réduite de l'univers, est soumise à une loi semblable, et qui porte le même nom. Enfin, les sociétés humaines ont aussi leurs constitutions (9). Nous avons exposé le système du monde; nous allons parler du *gouvernement* de l'âme; nous dirons ensuite quelques mots du gouvernement des sociétés. On comprend d'avance que les

(1) Comm. Alcib. t. II, p. 232.
(2) Comm. Alcib. t. III, p. 176.
(3) Comm. Alcib. t. II, p. 247.
(4) Comm. Alcib. t. III. p. 159.
(5) Id., p. 113.

(6) Id. p. 112.
(7) Id. p. 108-110.
(8) Th. t. P. liv. v, c. 32.
(9) Comm. Tim., p. 11, 61, 62. — Comm. Républ, p. 331.

gouvernements partiels et inférieurs sont des imitations, qui reproduisent avec plus ou moins d'exactitude celui de l'univers (1).

L'univers étant parfaitement beau, excellent dans son ensemble, et souverainement heureux, quelle peut être la fin des actions humaines, sinon l'assimilation de l'âme à la beauté; à la bonté première, en un mot l'union avec la suprême unité? Ainsi pensait Pythagore, qu'approuve Aristote (2); ainsi pensait notre maître Platon (3). Or, la Beauté, la Bonté véritable, n'existent pour l'Ame que dans la vertu (4); de Dieu où elle réside comme dans sa cause et son essence, la vertu peut descendre jusque dans les hommes (5); et nous appelons de ce nom auguste tout ce qui contribue réellement au perfectionnement de l'Ame (6). Ajoutons que vivre selon la vertu, c'est en même temps avoir trouvé le bonheur (7).

Mais, au milieu de toutes les causes d'erreur que nous avons signalées, comment l'âme pourrait-elle ne se tromper jamais sur la beauté qu'elle poursuit? Il arrive donc à un grand nombre d'hommes de prendre l'ombre pour la réalité, de s'attacher aux beautés corporelles (8). Le souverain bien, c'est pour eux le plaisir (9). Ils ne voient pas que le Bien véritable, c'est ce qui est conforme à la fin que la nature impose à un être; en sorte que, si l'on s'est écarté de ce but, quelque plaisir que l'on ait éprouvé, on ne s'est pas mis en possession du Bien (10). Le plaisir est le résultat de la satisfaction accordée aux sens; le Bien est inséparable de la raison, et le plaisir de la raison, c'est le Bien (11). Mais tout ceci est nécessairement rejeté par ceux qui ramènent tout dans l'âme à la sensation (12).

Non, tous les faux biens d'ici-bas ne font rien pour le bonheur de l'homme; il n'y a qu'un seul et vrai bien (13). Ce n'est pas la multitude ignorante et téméraire qui saura le découvrir; mais il se révèlera aux sages, qui, libres des orages des sens, ne voient qu'avec l'œil de l'intelligence (14).

Mais nous ne sommes pas de pures intelligences; nous sommes aussi des êtres sensibles; la sensibilité veut des jouissances; le plaisir est donc aussi l'une des fins de notre nature. — Nous répondons qu'un être, lorsqu'il résulte de l'union de plusieurs principes, ne doit pas obéir aux tendances des moins bons, mais se conformer aux inspirations des meilleurs (15).

(1) Comm. Tim. et Républ., ibidem.
(2) Arist. ad Nicomach VIII. 1.
(3) Comm. Alcib. t. III, p. 72.
(4) Comm. Alcib. t. III, p. 202.
(5) Comm. Tim., p. 14.
(6) Comm. répub., p. 333.
(7) Ibidem.
(8) Comm. Alcib., t. II, p. 89, 90.

(9) De la Provid., c. xxxv.
(10) Ibidem.
(11) Id., c. xxxvii.
(12) Id., c. xxxvi.
(13) Comm. Alcib. t. II, p. 248-250.
(14) Id., p 254.
(15) De la Provid., c. xxxvii.

Au reste, la diversité de ces tendances naturelles nous explique pourquoi, tous les hommes admettant une règle obligatoire (1), et s'accordant même sur quelques-uns des points à observer (2), diffèrent néanmoins sur le principe même de cette règle (3). Autre chose est le vice, autre chose la vertu ; tout le monde en convient (4). Mais où placer la vertu ? ici commence le désaccord.

Ce n'est pas sans raison que Platon a souvent et vivement attaqué ceux qui, distinguant le *juste* de l'*utile*, ont fait de l'*utilité* la règle de nos actions. La morale tout entière était compromise (5). Ce serait encore une erreur fâcheuse que de mettre sur un même rang l'utile et le juste ; car, pour arriver au souverain bonheur, on se trouve alors obligé de faire intervenir les avantages corporels, puisque c'est surtout dans nos relations avec le monde extérieur que le juste semble différer de l'utile. Au contraire, lorsqu'on identifie l'utile avec le juste, on est forcé de convenir que le vrai bien est dans l'âme, et de rappeler chacun à la connaissance de soi-même. Les Épicuriens, qui cherchent le plaisir (ἡδονή) ; les Stoïciens, qui vivent selon la nature (τὸ κατὰ φύσιν ζῆν) ; les Péripatéticiens, qui, pour compléter notre bien, font intervenir la nécessité, n'ont pu admettre que le juste fût identique à l'utile ; ainsi ont dû faire encore ceux qui définissent l'homme *un corps animé* (ἔμψυχον), ou un composé de l'âme et du corps. De là l'imperfection de toutes ces morales : pour sauver l'animal, pour lui conserver le bien que réclament au même titre ses deux natures, on est souvent dans la nécessité de sacrifier la justice, d'éviter honteusement des maux imaginaires, tels que les blessures et la mort. Pour nous qui ne distinguons pas la fin de l'homme de celle de l'âme, qui ne demandons rien à l'extérieur, nous ne voyons rien d'utile en dehors de ce qui est juste (6).

Nous regardons comme un bon principe de conduite, de chercher dans ses actions à se concilier l'estime de ses semblables (7). Mais nous ne voulons pas qu'on exagère cette idée au point d'en faire la base de la morale, au point de ne voir dans la vertu que l'exécution d'un pacte convenu tacitement entre les hommes, et non l'obéissance à une loi naturelle et obligatoire (8). Le Démiurge, qui a fait descendre les âmes dans la génération, les a soumises à deux lois : l'une, qui les atteint parce qu'elles sont unies à un corps, la Fatalité ; l'autre, qui doit les diriger parce qu'elles sont âmes, la Vertu (9). On ne parviendra pas à

(1) Ibidem.
(2) Comm. Rép., p. 411.
(3) De la Provid. c. xxxvi.
(4) Du Mal. c. I.
(5) Comm. Alcib. t. iii, p. 169.
(6) Id. p. 170.

(7) Comm. Alcib. t. ii, p. 241.
(8) Comm. Alcib. t. iii, p. 207. — Allusion à Polus du Gorgias. Proclus appelle *centaures* et *satyres* les hommes qui ne voient pas le caractère obligatoire de la vertu.
(9) Th. s. P. liv. v, c. 19.

déraciner la conviction profonde, l'attachement divin, qui assure dans l'âme une éternelle durée au sentiment du bien et du mal (1).

Mais il est plus facile de discerner le bien que de le pratiquer. L'homme est sollicité par les appétits naturels qu'il éprouve, à cause de son union avec le corps (2); par de certaines prédispositions qu'il a gardées de sa vie antérieure (3); par des désirs qui se développent en lui sous l'influence du climat qu'il habite (4). Les tentations d'un côté, le devoir de l'autre : il faut choisir, et agir (5).

Il faut choisir : c'est-à-dire que la moralité suppose la liberté (6). L'Ame, entre deux résolutions à prendre, sait que l'une est bonne, et l'autre mauvaise (7), elle se détermine à son gré pour celle qui lui sera honorable, ou pour celle qui lui sera funeste (8). Aussi croyons-nous dignes de récompense ou de châtiment les âmes qui se sont déterminées pour le bien ou pour le mal (9). Sont-elles traitées comme elles le méritent? Ce n'est pas le Démiurge, disons-nous, qui leur impose ces douleurs : elles-mêmes l'ont voulu ainsi, car elles étaient libres (10). Ne renvoyons pas à Dieu la responsabilité de nos fautes : c'est notre malice qui les a commises (11). Dieu ne saurait en être ni la cause prochaine ni la cause éloignée (12).

Telle est donc notre pensée sur ce point : l'âme n'est responsable que de ses actes (13); et cela seul est de l'Ame, qui, d'elle et par elle, se fait en elle (14). Est-ce à dire que notre fière liberté est indépendante de la Providence? que nous parvenons à la vertu sans le secours de Dieu? Non certes : nous en avons doublement besoin. Au point de vue de nos actions complètes, c'est-à-dire en y comprenant avec la résolution, l'événement, cela est démontré. L'âme particulière ne peut rien accomplir, si son œuvre ne concourt à l'ordre universel, tel qu'il doit se manifester (15). Mais on peut dire que l'issue matérielle de nos actes est de peu d'importance; qu'il n'y a point, comme l'enseignent les stoïciens, d'action bonne ou mauvaise en soi; que leur qualité dépend de l'intention pure ou criminelle de celui qui les fait (16). Soit : au point de vue même de la détermination volontaire, l'Ame a besoin du secours de la Providence pour choisir avec discernement; parce que, s'il est vrai que nous sommes libres, il ne l'est pas moins que nous sommes faibles (17). Oui, l'homme vertueux est sous la main de Dieu, qui seul

(1) Comm. Alcib. t. III, p. 156. — T. II, p. 58.
(2) Comm. Alcib. t. II, p. 504.
(3) Comm. Tim. p. 53. — Comm. Alcib. t. II, p. 205-6.
(4) Comm. Tim. p. 50.
(5) Comm. Alcib. t. II, p. 550.
(6) De la Prov. c. XLIV.
(7) Comm. Tim. p. 115.
(8) De la Provid. c. XVIII.
(9) De la Provid. c. XXVIII.
(10) Comm. Tim. p. 551.
(11) Comm. Républ. p. 578.
(12) Comm. Tim. p. 552.
(13) De la Provid. c. XLIV.
(14) Comm. Alcib. t. III, p. 148.
(15) Comm. Parm. t. IV, p. 61.
(16) Comm. Alcib. t. III, p. 64. — De la Prov. c. XXVIII.
(17) Comm. Tim. p. 66.

peut lui donner la vertu. Mais cet esclavage est bien, comme le dit Platon, la plus entière liberté (1). Oui, l'Ame doit attendre son salut de Dieu seul, qui la retire du sein de la génération pour la relier à son *idée* intellectuelle (2). Soit que nous reconnaissions un Dieu ou un démon spécialement chargé de veiller sur chacune de nos âmes (3); soit que nous prenions pour protecteurs des âmes enfermées dans les corps, celles qui n'ont pas quitté le séjour céleste (4), nous ne pouvons méconnaître la puissance providentielle qui nous conduit au salut (5). Le sage des stoïciens ne voulait rien devoir à la *Bonne Fortune;* Platon a bien vu que la Bonne Fortune rendait autant de services aux êtres particuliers qu'à l'Univers lui-même (6). Comprenons aussi que Dieu aide à l'accomplissement des mauvaises résolutions, pour que les méchants arrivent à la peine qui les doit couronner (7).

Le secours d'en haut est d'autant plus nécessaire à l'âme, que, tombée dans la génération, elle n'a pas à vivre de sa vie propre, mais à reconquérir par l'étude et la purification le rang d'où elle est déchue (8). L'âme, attachée au corps, est essentiellement imparfaite (9) : son devoir est donc de s'isoler, autant que possible, de ce monde étranger qu'elle traîne avec elle (10) ; de se replier sur soi-même, pour s'élancer vers le divin sur les ailes de la Foi, de la Vérité, de l'Amour (11). Et pour cela, sans doute, il faut qu'elle agisse elle-même (12) ; il faut qu'elle brave la douleur et la volupté, non de loin, mais à la portée de leurs coups ; qu'elle ne les fuie pas, mais qu'elle en triomphe (13). Mais ne faut-il pas aussi que les âmes, ses sœurs, l'aident et l'encouragent dans la lutte (14)? n'est-il pas surtout nécessaire que Dieu soit pour elle (15)?

Et qu'on n'aille pas s'imaginer qu'en essayant de montrer le chemin qui mène à la vertu, nous fassions autre chose que de rappeler celui qui mène à la science. La fin de l'Ame n'est-elle pas l'assimilation à l'intelligence (16)? La science n'est-elle pas le vrai bien de l'Ame (17)? Que peut-il y avoir de plus utile pour l'Ame, que d'abandonner les images et les opinions incertaines, pour s'élever jusqu'aux incorporels, jusqu'aux divines réalités (18)? Que peut-il y avoir de plus funeste à l'Ame que l'ignorance (19)? Aller à la science, c'est donc aller à la vertu. La perte de l'intelligence, a dit Plotin, devient la méchanceté (20). Hors de la

(1) De la Provid., c. XVII.
(2) Comm. Tim., p. 550.
(5) Comm. Alcib. t. III, p. 45-4. — Comm. Tim., p. 45.
(4) Comm. Tim., p. 55.
(5) Comm. Alcib. t. II, p. 289.
(6) Comm. Tim., p. 61.
(7) Comm. Républ., p. 577.
(8) Comm. Alcib. t. III, p. 75-6.
(9) Id., p. 80.
(10) Du Mal, c. 1.

(11) Comm. Parm. t. v, p. 186. — Comm. Tim., p. 6.
(12) Comm. Alcib. t. III, p. 148.
(15) Id. t. II, p. 161.
(14) Comm. Parm. t. IV, p. 224.
(15) Id., p. 222.
(16) Comm. Parm. t. v, p. 89.
(17) Comm. Alcib. t. III, p. 165.
(18) Comm. Parm. t. IV, p. 76.
(19) Comm. Parm. t. v, p. 511, 518.
(20) Comm. Républ., p. 578.

science, il n'y a que perdition (1), et quiconque se perd le fait par igno-rance (2).

Il ne faudrait pas dénaturer notre opinion, en la poussant à ses plus extrêmes conséquences : nous ne prétendons pas que toute dépravation morale présuppose l'extinction de la raison, mais son affaiblissement (3). Cela suffit pour justifier notre principe, que la raison doit être notre guide (4), qu'en la suivant nous arriverons à toutes les vertus dont elle est comme le chef, puisque c'est elle qui distingue le bien et le mal (5).

N'est-il pas impossible qu'il en soit autrement? Nous avons reconnu deux parties dans l'âme : la raison, la passion. La guerre qu'elles se livrent n'admet ni paix, ni trève, et la victoire n'appartient pas toujours à la raison. Alors nous sommes en proie à l'ignorance, et par suite au vice. Au contraire, quand la passion succombe, le triomphe de la raison fait luire en nous la science, qui nous conduit à la vertu (6).

Nous disons *la vertu;* car s'il convient de reconnaître des vertus dif-férentes, de ne pas appeler du même nom celle qui nous fait résister à la fortune et celle qui nous fait haïr le mensonge, il est nécessaire aussi d'admettre que dans les deux cas il y a vertu (7), c'est-à-dire perfection de l'essence de l'Ame ; et, comme il ne peut y avoir qu'une seule perfec-tion pour une seule essence (8), il en faudra conclure que toutes les vertus concourent à former la vertu, qui est une en soi (9). Justice, tem-pérance, etc., ne font qu'une seule vertu, réunies dans une seule unité. Mais qui leur donne cette unité? c'est la science (10). Il n'y a donc, en morale, rien au-dessus de la science. Je me trompe : il y a l'Enthou-siasme du sage (11).

Si l'on voulait dans cette unité de la vertu établir une distinction géné-rale, on dirait que l'homme est lui-même, puis en rapport avec les au-tres hommes ; qu'il a donc à rechercher les vertus qui conviennent à son essence, et celles qui conviennent à sa position (12). Par exemple, il se doit à lui-même de se respecter, comme le veut l'Oracle (13); de ne rien faire en vain, à l'imitation de Dieu et de la nature (14) ; de mettre ses actions en harmonie avec ses discours (15); de ne mentir ni à ses égaux, ni à ses supérieurs (16). Il doit à ses semblables d'exercer autour de lui, dans la sphère de son influence, cette action protectrice que Dieu exerce sur tous les êtres, et que nous nommons la Providence (17); d'obéir à

(1) Comm. Alcib. t. II, p. 511.
(2) Comm. Républ., p. 557.
(3) Du Mal, c. I.
(4) Comm. Alcib. t. III, p. 27.
(5) Id., p. 26.
(6) Id. p. 57.
(7) De la Prov., c. XVIII.
(8) Comm. Républ., p. 407.
(9) Comm. Alcib. t. III, p. 205.

(10) Th. s. P. liv. IV, c. 44.
(11) Comm. Alcib. t. II, p. 150.
(12) Comm. Républ., p. 408.
(13) « Te ipsum verere. » De la Providence, c. XXVII.
(14) Comm. Alcib. t. III, p. 94-5.
(15) Comm. Parm. t. IV, p. 78.
(16) Comm. Alcib. t. III, p. 93.
(17) Comm. Tim., p. 44.

ses chefs (1) ; de s'abstenir avec qui que ce soit de toute conversation inutile (2) ; de rechercher l'amitié des sages, qui est le plus énergique moyen d'amélioration réciproque (3).

Mais s'il est nécessaire d'entretenir avec les hommes un commerce de bienveillance et de services mutuels, ne l'est-il pas mille fois davantage de resserrer, autant qu'il est en nous, les liens qui nous rattachent à la divinité ? L'homme est sous la dépendance de Dieu : il doit donc l'honorer par un culte, et aussi par l'accomplissement des lois que Dieu lui a données, par une fidélité rigoureuse à tenir les engagements contractés devant Dieu (4). Mais le respect des lois divines n'est pas le comble de la vertu (5).

Il est un état de l'âme qui, la dégageant de toute préoccupation terrestre, la met en rapport avec les puissances invisibles de son créateur : c'est la prière (6). Tâchons de montrer quelle est son essence, et à quelle perfection sublime elle peut parvenir. Porphyre n'en a point compris toute l'excellence : « La prière, a-t-il dit, suppose que les Dieux existent, se manifestent par la Providence, et peuvent diriger les événements humains. Adresse-toi donc à la divinité, source du bien universel et suprême : elle épanchera sur toi le bien que réclame ta nature. La prière est un acte vraiment digne du sage : elle fait monter les âmes vers Dieu. Aucun peuple ne l'a ignorée : nous la trouvons chez les Brachmanes de l'Inde, chez les Mages de la Perse, comme chez les Théologues de la Grèce. » Nous sommes de l'avis d'Iamblique : Porphyre est au-dessous de la vérité. N'a-t-il pas l'air de s'adresser aux hommes qui doutent, pour les exhorter à prier ? La prière est le propre de l'ami des Dieux : elle n'est rabaissée par le mélange d'aucune espérance (7).

Le principe de toutes choses, l'auteur de toutes les puissances qui ont produit le monde, c'est l'Un : de lui tout émane, mais rien n'est en dehors de lui. En Dieu sont les racines de l'être ; hors de Dieu, le néant. Et tous les êtres créés par Dieu, vivant en Dieu, se replient vers Dieu ; animés ou inanimés, ils aspirent à la cause première, comme à leur fin suprême ; seulement chacun y retourne par une voie différente ; l'âme s'élève par la force de l'intelligence, et l'acte de l'intelligence élevant l'âme vers Dieu, c'est la Prière.

(1) Comm. Rép., p. 585.
(2) Comm. Alcib. t. II, p. 244.
(3) Comm. Parm. t. IV, p. 78. — Comm. Alcib. t. II, p. 255.
(4) Comm. Parm. t. v. p. 219, 220.
(5) Comm. Tim. p. 63.
(6) Comm. Tim. p 64.
(7) Proclus lui-même admet la prière, lorsqu'elle contient une demande, comme on le voit, Comm. Tim. p. 65-6, où il parle de plusieurs prières spéciales que l'on peut adresser à la divinité ; et lui-même commence par une prière son commentaire sur le Parménide, son traité de la Théologie selon Platon, etc. Mais il faut remarquer qu'il affiche partout le plus profond mépris pour Porphyre ; il ne nomme jamais Plotin et Iamblique sans leur donner l'épithète de divin ; et il dit ironiquement : le philosophe Porphyre. Il accuse formellement Porphyre de n'avoir point une doctrine à lui et de n'être que le copiste de Numénius. Comm. Tim. p. 24.

La première condition de la Prière, c'est la Science : comment l'âme, si elle ignore Dieu, s'en pourrait-elle approcher? La seconde, c'est la pureté morale, qui nous gagne la bienveillance de Dieu, en même temps qu'elle est un commencement d'assimilation de notre nature à la sienne. Au troisième degré, l'essence même de notre âme se met en communication avec l'essence divine (συναφὴ, καθ' ἣν ἐφαπτόμεθα τῆς θείας οὐσίας..... τῷ ἀκροτάτῳ τῆς ψυχῆς) (1). Un pas encore, et nous en sommes à l'approche immédiate (ἐμπέλασις); la lumière divine parvient à nous sans obstacle :

$$\text{Τῷ πυρὶ γὰρ βροτὸς ἐμπελάσας θεόθεν φάος ἕξει,}$$

a dit l'Oracle. Enfin nous franchirons la dernière limite : successivement purifiée par ses opérations précédentes, l'âme a dépouillé tout ce qu'il y avait en elle de varié, de contraire à l'Unité divine; elle est simple, elle est une; il lui est donné de pénétrer dans le sein de Dieu. Le feu qui l'anime et l'éclaire ne lui appartient plus; elle a cessé d'être elle-même, elle est de Dieu et en Dieu. Tel est le dernier terme et la souveraine perfection de la prière.

On le voit : l'homme qui prie n'a pas besoin des biens qu'il pourrait demander, car il les possède. Il n'y a même qu'à l'homme vertueux qu'il soit donné de prier : la pureté divine répugne à toute union avec les âmes souillées. Que le méchant renonce à ses vices; qu'il acquière la science de Dieu; alors, mais seulement alors, il deviendra capable de prier.

Ainsi, l'essence de la prière est une conversion vers la divinité; sa perfection dernière, l'identification de l'âme avec Dieu; son effet immédiat, une amélioration morale, un pas vers notre fin véritable (2).

La prière s'accomplissant tout entière dans l'âme, la volonté n'éprouve ici aucun obstacle de la part du monde extérieur, et vouloir prier, c'est prier (3).

Les noms divers qu'on peut donner à la divinité ne font pas qu'il y ait plusieurs sortes de piétés : la piété est une, et s'adresse en même temps à tous les dieux (4).

Enfin, nous devons prendre garde que cette union de l'homme avec Dieu ne nous confond pas avec lui au point de nous autoriser à préjuger ses desseins, à parler ou agir en son nom : il peut être convenable, en

(1) Remarquons que συναφή désigne encore une opération intellectuelle, la plus subtile de toutes, il est vrai : « Il faut pour l'ordre universel que les intelligences elles-mêmes aient une sorte de contact (ἁφή, συναφή); les pensées, une sorte de toucher (νοήσεων θίξεις, ἐπαφαί). Th. s. P. liv. IV, c. 12.

(2) Comm. Tim. début du IIe livre, p. 64-5. — Cf. Comm. Parm. t. IV, p. 68. — On voit que la prière, à son plus haut degré, n'est autre que la contemplation ou l'enthousiasme.
(3) Comm. Tim. p. 68.
(4) Comm. Alcib. t. III, p. 89.

certaines circonstances, de porter secours aux autels ; à Dieu lui-même,
jamais (1).

Il nous reste à examiner dans son ensemble la destinée de l'Ame.
Nous ne pouvons nous empêcher d'admirer ceux qui, parlant de l'âme,
de sa vie et de son développement, se contentent de l'observer dans son
séjour ici-bas (2). L'Ame, tout le monde en convient, se développe à
l'image de la puissance divine ; or, la puissance divine demeure en soi
souverainement parfaite, éternellement heureuse ; puis elle déborde,
elle s'épanche de toutes parts, elle crée tous les êtres : l'âme, dans sa
vie terrestre, imite l'action, et, pour ainsi dire, l'agitation de la Providence ; elle a donc, dans une vie antérieure, imité l'immuable existence
de Dieu (3) ; elle y a joui de tout le bonheur qu'elle était capable de
goûter (4).

L'Ame descendue dans la génération peut remonter à l'Être, et re-
descendre indéfiniment dans la génération (5) : remarquons qu'elle y descend tout entière (6). Plotin, Théodore, pensaient qu'une partie de l'âme
demeurait en Dieu, à l'abri des fautes et des malheurs ; il n'en est point
ainsi : quand l'âme, enfermée dans le corps, use de sa liberté pour choisir le mal, l'Ame entière est coupable (7).

L'Ame ne descend dans le corps qu'au moment où il voit le jour (8). Comment Dieu produit-il le corps, comment produit-il l'Ame qui doit l'animer,
comment unit-il au corps l'âme qui en est distincte ? Nous suivrons le conseil
d'Iamblique : tout ce que nous pouvons faire, c'est d'apercevoir l'œuvre
de Dieu ; il est inutile d'en rechercher le *comment* ; notre âme ne parviendrait pas à le découvrir (9). Il nous suffit de savoir que l'Ame est antérieure au corps, et d'éviter l'erreur de Galien, qui ne voit dans les facultés
de l'âme que des forces résultant de l'organisation du corps (10).

Arrivés à cette vie, nous n'en sommes pas moins sous le gouvernement de Dieu, qui, connaissant tout, sait ce dont nous sommes dignes,
et nous distribue en conséquence les biens et les maux (11). Nous ne
voulons pas dire qu'opposant à la nôtre une puissance bien supérieure,
Dieu nous accable comme sous des liens imposés par une main étrangère : du sein même de notre âme, il voit nos déterminations, les juge, et
nous punit ou nous récompense (12). Avons-nous bien choisi ? L'âme est
dirigée par la Providence (13) ; le même ordre s'établit en elle, que dans
l'ensemble du monde (14) ; cet ordre la rend heureuse, comme il rend

(1) Comm. Parm. t. iv, p. 131.
(2) Th. s. P. liv. iv, c. 21.
(3) Comm. Tim., p. 558.
(4) Du Mal, c. 5.
(5) Elém. Th. prop. ccvi.
(6) Elém. Théol. prop. ccii.
(7) Comm. Tim., p. 521, 341.
(8) Comm. Tim., p. 558.
(9) Comm. Tim., p. 548.
(10) Id., p. 546.
(11) Comm. Parm. t. v, p. 219. 220.
(12) Comm. Tim., p. 115.
(13) Id., p. 108.
(14) Id., p. 11.

heureux l'univers (1); elle jouit de cette inébranlable tranquillité, qu'ont préconisée les stoïciens, et qui n'est pas même troublée par les fautes qu'elle pourrait commettre (2); elle comprend les œuvres de Dieu, et ne laisse aucune prise à la fatalité (3); en un mot, le bonheur et le retour à Dieu sont pour l'âme le prix de la justice et de la science (4).

La justice est tellement naturelle et nécessaire à l'Ame, qu'une âme livrée sans mesure ou sans retour à l'injustice, cesserait bientôt d'être une âme (5). D'un autre côté, engagée dans un combat perpétuel, l'âme ne saurait toujours être victorieuse (6). L'âme cède à l'attrait des plaisirs sensibles, s'identifie, autant qu'il est en elle, avec le corps, tombe sous l'empire de la fatalité (7): alors, pour la sauver, Dieu la punit. Le châtiment la réhabilite, et lui rend sa dignité première (8).

Nous n'ignorons pas qu'un grand nombre d'hommes n'acceptent point ces idées, et se fondent sur l'existence ou la répartition du mal ici-bas, pour nier le gouvernement de l'homme par Dieu, durant cette vie terrestre. Nous tâcherons de ne laisser sans réponse aucune de leurs objections.

Le mal est, à leurs yeux, réparti au hasard, et sans discernement de la vertu ou du vice. Mais avant de développer ce reproche, ils s'étonnent que le mal puisse exister d'une manière quelconque sous l'empire de la Providence (9). Vient-il de la Providence, auteur de tout Bien? contradiction. Vient-il d'une cause dépendante de la Providence? c'est encore venir d'elle. Vient-il d'une cause indépendante? C'est reconnaître deux principes, l'un du bien, l'autre du mal, et sortir d'un embarras en se jetant dans un autre, infiniment plus grave (10).

Nous répondons que le mal ne vient ni de la Providence, ni d'aucune cause éternelle; il serait un *être*, il existerait en soi, ce qui est impossible. Mais nous disons qu'il est l'œuvre des causes particulières, dont les produits sont frappés de contingence; qu'il est par conséquent un phénomène, dont l'existence, en face des causes nécessaires, n'est pas plus susceptible d'objection que celle de tout autre contingent; que, réduit à ces proportions, le mal n'a rien d'effrayant, puisqu'il n'est mal, à vrai dire, que pour l'être particulier qui en est atteint, tandis qu'il est, comme tout phénomène, en harmonie avec l'ordre de l'univers, sans quoi il n'aurait pas même eu cette ombre d'existence que nous lui reconnaissons (11). La Providence n'a pas fait tous les êtres égaux: ils sont hiérar-

(1) Id., p. 2.
(2) Comm. Alcib. t. III, p. 158-9.
(3) De la Provid., c. 14.
(4) Comm. Républ., p. 555. —Comm. Alcib. t. II, p. 292.
(5) Comm. Républ., p. 554.
(6) Id., p. 559.
(7) De la Provid., c. 15.
(8) Dix Doutes, c. 8.
(9) Dix Doutes, c. 5.
(10) Ibid.
(11) Du Mal, c. 1, 2, 3, 4.—Comm. Tim., p. 552. — Dix Doutes, c. 5.

chiquement ordonnés ; et, logiquement, les plus élevés, causes des suivants leur sont antérieurs. A un certain degré d'abaissement, et à cause de cet abaissement même, le mal apparaît. Encore ce mal est-il, comme nous l'avons dit, mal pour un être particulier, bien pour l'ensemble des Êtres (1).

Mais l'inégale distribution des biens et des maux ? Les méchants règnent, et les bons sont esclaves. Les uns possèdent tous les biens du corps et de la fortune ; d'autres, quoique supérieurs en mérite, n'ont en partage que laideur et misère. Non seulement tous les hommes ne sont pas, sous ce rapport, également traités (ce qui serait déjà une injustice, puisqu'ils ne sont pas également méritants), mais les meilleurs ont la plus mauvaise part, et tous les avantages sont pour les plus pervers (2).

L'objection se réfute par elle-même : les méchants ont les biens du corps ; mais qui appelle-t-on les hommes vertueux ? ceux qui ont les biens de l'âme. Ont-ils donc à se plaindre de leur partage (3) ? Mais si nous voulons entrer dans la nature des choses, nous verrons qu'eux seuls possèdent les véritables biens. L'essence de l'homme n'est-elle pas toute entière dans l'âme ? Les souffrances du corps, la perte des biens périssables, la mort même ne sont donc pas de véritables maux (4). Le vrai mal pour l'homme c'est la méchanceté de l'âme (5). Voyez au contraire les biens intérieurs : il est si vrai que ce sont-là les biens réels, qu'aucune force humaine ne saurait nous les arracher (6). Même dans les fers, l'homme vertueux est noble et libre ; même sur le trône, le méchant n'est qu'un esclave (7). Ajoutez à cela que le méchant n'atteint pas toujours le but vers lequel il soupire ; la vertu n'a jamais échappé à qui l'a sincèrement voulue (8).

Lorsque les méchants sont punis, le châtiment ne suit pas toujours immédiatement la faute : il est lent à venir. — Médecin des âmes, Dieu choisit le temps pour appliquer le remède à leurs plaies (9).

Ne voit-on pas les fils souffrir pour les fautes de leurs pères ? Les citoyens d'une même ville, quoiqu'innocents ou criminels à des degrés divers, enveloppés dans la même catastrophe (10) ? — Mais n'y a-t-il pas entre les diverses générations d'une même race, entre les différents membres d'un même état, une certaine unité, qui les soumet à une certaine solidarité (11)?

Les innocents sont frappés.—Mais dans leurs vies antérieures, ces âmes

(1) Du Mal, c. VII.
(2) Dix Doutes, c. VI.
(3) Ibidem.
(4) Comm. Alcib. t. III, p. 224-2. — Comm. Républ., p. 576.
(5) Comm. Tim., p. 355.
(6) De la Provid., c. XV.
(7) Id. c. XVIII.
(8) Dix Doutes, c. VI.
(9) Dix Doutes, c. VIII. — Dieu nous montre ainsi que nous ne devons pas être trop prompts à punir, ibidem.
(10) Dix doutes, c. IX.
(11) Ibidem.

avaient peut-être mérité la peine qui les atteint dans celle-ci (1). Peut-être encore n'avaient-elles pas commis la faute : le crime n'existait que dans leur volonté secrète ; elles n'en étaient pas moins souillées (2). Dieu les a frappées pour punir leurs desseins et prévenir leurs entreprises (3).

Mais après avoir réfuté en détail chacune de ces objections, nous ne craignons pas de les accepter toutes ensemble : nous convenons que des maux véritables sont quelquefois le partage de la véritable vertu, et nous prouvons que cela même est bien. Si c'était toujours à l'homme vertueux que la Providence départit les richesses, les honneurs et la beauté du corps, tandis que la laideur, l'obscurité, la misère, seraient l'inévitable cortége de la malice, la vertu aurait ainsi tous les caractères qui font naître le désir, et le vice, tous ceux qui soulèvent l'aversion. En nous montrant la vertu privée de ce vain entourage, le vice paré de ces ornements séducteurs, Dieu nous apprend qu'il faut chercher la vertu pour elle-même, et jusqu'au milieu des souffrances ; fuir le vice à cause de lui-même, sous quelque brillant extérieur qu'il se dissimule. Il nous montre que la vertu doit être à elle-même sa parure, et que le vice infecte tout de sa propre laideur. Les richesses ne sont-elles pas souillées par l'injustice, la santé par la débauche, le pouvoir par l'orgueil? La pauvreté n'est-elle pas honorée par la grandeur d'âme, la maladie par le courage, la dépendance par une noble fierté (4) ? Ce n'est pas quand la mer est calme et le ciel serein, que nous admirons l'art du pilote ; c'est quand l'orage a soulevé les flots en corroux ; de même ce n'est pas dans l'abondance des biens de la terre que nous admirons la vertu, c'est quand elle se maintient inébranlable au choc de l'adversité (5).

Il nous semble démontré que l'homme, dans tout le cours de cette vie, est gouverné par la Providence, comme il l'était avant que l'âme descendît dans la génération, comme il le sera quand l'âme aura terminé sa course sur la terre. Qu'est-ce en effet pour l'homme que la mort? La mort n'est point le terme de l'existence de l'homme. Ce qui meurt vraiment, c'est le corps ; il n'avait pas la vie par lui-même, il la devait à son union avec l'âme ; un jour vient qu'il la perd. S'il était permis de parler de la mort de l'âme, il faudrait dire que l'âme meurt le jour où elle descend dans le corps ; mais le jour où elle s'en sépare (la mort n'est rien autre chose que la séparation du corps et de l'âme), elle ne fait que briser sa chaîne et rentrer en possession de sa liberté (6). Ce qui ne veut pas dire qu'elle échappe à la justice de Dieu : il faut qu'elle achève de souffrir pour ses fautes, et de goûter le prix de ses vertus (7),

(1) Dix Doutes, c. IX.
(2) Du Mal, c. VIII.
(3) Dix Doutes, c. IX.
(4) Dix Doutes, c. VI.
(5) Ibidem.
(6) Comm. Tim., p. 306. — Comm. Alcib. t. II, p. 304.
(7) Dix Doutes, c. VI, VIII.

jusqu'à ce qu'elle retombe ici bas pour y commencer une nouvelle carrière (1).

Voilà ce que nous avions à dire sur la nature, les facultés, les vertus, la destinée de l'homme, considéré en lui-même; ajoutons quelques mots sur ces réunions d'hommes qu'on appelle des États.

Toute bonne constitution est une théorie raisonnable; quand on l'applique, les faits, s'il est nécessaire, doivent plier devant elle (2).

De même que l'individu doit établir entre les puissances de son âme un ordre analogue à celui que le Démiurge a mis dans l'univers, la constitution d'un État doit être aussi l'image de l'ordre universel (3). Or, il n'y a dans l'univers aucun être qui soit en dehors de l'harmonie générale; tous les citoyens se réuniront donc pour délibérer (4). Chaque force dans l'univers a sa fonction propre : chaque homme dans l'État ne remplira qu'une charge, en rapport avec son aptitude (5). Comme dans l'univers, tous les arts, toutes les fonctions spéciales, seront coordonnés pour le bien de l'ensemble (6).

Le gouvernement n'appartiendra pas à la multitude. La multitude est de soi inordonnée, n'est qu'une foule tumultueuse (7). Organisée comme nous le supposons, elle méritera le nom de peuple (δῆμος) (8); et toutefois elle aura un chef, ainsi que l'univers, qui obéit à un seul Démiurge (9). Ce chef devra, comme l'auguste chef dont il est l'image, connaître parfaitement le but général de l'état (10); la première de ses qualités sera donc la sagesse et la science (φρόνησις (11)). Puis il devra être capable de donner par lui-même l'impulsion aux principaux rouages de la machine : il sera stratège, orateur, taxiarque, etc. (12). Il aura enfin la connaissance des temps antérieurs (13).

Au-dessous de la constitution (πολίτεια), qui est la base, le principe fondamental de la réunion politique, il y a les différentes lois (νομοθεσία), qui règlent les détails de la vie commune (14). Elle doivent être conçues, non de manière à satisfaire la foule insensée, mais conformément aux vœux des hommes éclairés (15). Qu'elles soient écrites par des philosophes, et mises en actions par des politiques: mais n'attendez rien de bon d'une association de sophistes et de politiques (16).

Prenons aux affaires de l'État la part qu'il convient d'y prendre (17) :

(1) Comm. Tim., p. 45.
(2) Comm. Alcib. t. II, p. 254-5.
(3) Comm. Tim., p. 10-1, 62. — Comm. Républ., p. 551.
(4) Comm. Alcib. t. III, p. 22.
(5) Comm. Tim., p. 12.
(6) Comm. Alcib. t. III, p. 47-8.
(7) Comm. Alcib. t. II, p. 157.
(8) Ibid.
(9) Comm. Alcib. t. III, p. 22-5. — Il est impossible de trouver une démocratie bonne et sage, id., p. 115.
(10) Id., p. 48-9. — Comm. Républ., p. 532.
(11) Comm. Alcib. t. III, p. 26.
(12) Comm. Parm. t. v, p. 40-1.
(13) Comm. Tim., p. 51.
(14) Comm. Tim., p. 46.
(15) Comm. Républ., p. 418.
(16) Comm. Tim., p. 21.
(17) Proclus n'est pas resté étranger à la politique, ainsi qu'on peut le voir dans sa Vi par Marinus.

mais ce devoir accompli, nous nous devons à nous-mêmes (1). Sachons quitter la place publique; songeons à notre gouvernement intérieur; c'est, ne l'oublions pas, par l'opération la plus secrète et la plus silencieuse, que notre âme se réunit à la Divinité (2).

VII. *La Nature et les Corps.*

Les *idées*, qui sont unités intellectuelles, ne s'appliquent point directement à la matière (3); mais leurs vertus sont recueillies par une force incorporelle qui les transmet aux corps (4). Cette puissance est, comme nous l'avons dit, la *nature* (5). Elle agit immédiatement sur les corps; elle les pénètre, et s'associe, jusqu'à un certain point, à leurs qualités essentielles; ce qui la distingue tout-à-fait des *idées*, dont la pureté inaltérable n'est point modifiée par le contact des êtres inférieurs (6).

La nature universelle est un mélange d'intelligence et de nécessité (7). Mais elle ne possède ce qu'elle a d'intelligence que par ses relations avec les *idées*; elle est par elle-même privée de raison 8). Aussi dit-on qu'elle est plutôt nature des autres que de soi-même (9). La loi qu'elle impose n'est rien moins que l'ensemble des lois fatales (10); il n'y a en effet au-dessous de la nature que les êtres complétement soumis à la fatalité (11).

La nature donne à tous les corps leur raison d'être, le fantome d'unité qu'ils possèdent, et enfin le mouvement (12). Immuable, comme incorporelle, la nature de chaque être persiste en lui, et le maintient à la place qui lui est assignée dans l'ordre universel (13).

Les corps sont simples ou composés, finis ou infinis (14). Les corps simples et infinis sont ceux qui n'obéissent qu'à un seul mouvement, et possèdent une puissance infinie (15); ce sont-là, comme on le voit, les corps célestes, dont nous avons traité; les corps composés, sensibles, finis, qui n'ont aucune puissance infinie, qui sont soumis à la gravité, à la légèreté, forces essentiellement finies, sont les seuls qui nous occupent (16).

Ce n'est pas qu'on ne retrouve dans le corps, comme dans tout ce qui dépend de l'Être, le double aspect du fini et de l'infini : il est infini,

(1) Comm. Parm. t. IV, p. 78.
(2) Comm. Alcib. t. III, p. 27-8.
(3) Comm. Parm. t. IV, p. 204.
(4) Comm. Parm. t. V, p. 124.
(5 De la Provid., c. VII.
(6) Comm. Parm. t. V, p. 125.
(7) Th. s. P. liv. V, c. 31.
(8) Comm. Parm. t. V, p. 15-6.
(9) Ibidem.

(10) Id., p. 49.
(11) De la Provid., c. VII.
(12) Comm. Parm. t. VI, p. 11. — Comm. Tim., p. 73.
(13) Comm. Tim., p. 38.
(14) El. Phys. liv. II, Ax. 4.
(15) El. Phys. liv. II. Ax. 6. — Id. Théor. 7.
(16) Elém. Ph. liv. II. Théor. 8, 10, 13.

comme composé de matière ; fini, comme ayant une forme (1). Mais il n'a point de puissance infinie (2).

Tout corps est essentiellement périssable, phénoménal (3), constitué par une cause étrangère (4), mû par une force qui n'est pas lui (5). Produire est une action ; tout agent est incorporel ; le corps ne saurait donc se produire lui-même (6). Ce n'est pas même lui qui se maintient tel qu'il est ; il n'a pas plus le pouvoir de se conserver que de se produire (7). Nous avons vu que les corps célestes eux-mêmes étaient imparfaits, comme étendus, divisibles (8), et produits par une cause extérieure (9).

Essentiellement inactif (10), le corps est le théâtre d'un mouvement nécessaire et sans fin ; car la nature est principe de mouvement et de changement, et le corps est sous la dépendance immédiate de la nature (11). Il en résulte que c'est à peine si l'on ose parler de l'identité des corps, dont la substance même est affectée de mouvement (12). Et néanmoins, comme il y a en eux un simulacre de la puissance non engendrée (13), ils ont aussi une certaine identité, mais qui, comme tout le reste d'eux-mêmes, leur vient d'une cause étrangère (14).

Le corps ne peut, comme la substance incorporelle, être tout entier en plusieurs sujets (15) ; il est soumis aux lois fatales (16) ; il n'est pas le mal en lui-même (17), mais il le contient nécessairement (18) ; aussi, dès qu'il est en communication avec l'ame, loin de produire ou de favoriser la vie intellectuelle, il est le premier obstacle qu'elle ait à vaincre (19), la première cause d'erreur qu'elle ait à reconnaître (20). Mais il n'est point privé de toute illumination du bien ; le bien qui lui est propre, c'est de n'être pas troublé dans son obéissance aux lois de la nature (21), et de ressembler ainsi, autant qu'il est en lui, aux êtres qui comprennent l'ordre général, aux *idées* intellectuelles (22). Et lorsque la forme du corps fait oublier la matière, nous allons jusqu'à lui accorder la beauté (23).

VIII. *La Matière.*

Nous n'espérons pas expliquer clairement ce qu'est la matière : la

(1) Du Mal., c. 5.
(2) Elém. Ph. liv. II. Théor., 15. — Comm. Tim., p. 77, 85.
(3) Comm. Tim., p. 77.
(4) Id., p. 90.
(5) Comm. Parm. t. v, p. 20.
(6) Comm. Tim., p. 90.
(7) Ibid.
(8) Comm. Parm. t. v, p. 9.
(9) Comm. Tim., p. 77.
(10) Comm. Alcib. t. II, p. 263.
(11) Comm. Tim., p. 276.
(12) Comm. Alcib. t. II, p. 251.
(13) Th. s. P. liv. 1, c. 29.
(14) Id., liv. 1, c. 20.
(15) Comm. Parm. t. v, p. 129.
(16) De la Provid., c. 7.
(17) Du Mal., c. 5.
(18) Comm. Républ., p. 359.
(19) Comm. Tim., p. 546.
(20) Comm. Alcib. t. II, p. 252.
(21) Id., p. 6.
(22) Comm. Parm. t. v, p. 89.
(23) Comm. Alcib. t. III, p. 212.

matière en elle-même est ténèbres (1), indétermination (2), vrai mensonge (3) ; elle est le contraire de la raison (4), de la mesure (5). Essaierons-nous de la définir? Elle est essentiellement indéfinie (6), inconnaissable (7) ; car nous ne pouvons définir que ce dont nous concevons l'*idée* (8) ; or il n'y a point d'*idée* de la matière (9). Dieu n'a point d'*idée*, parce qu'il est supérieur à tout paradigme ; la matière n'en a point, parce qu'elle est trop au-dessous (10). Tâcherons-nous de la faire connaître par ses produits ? La matière peut bien recevoir d'ailleurs une certaine forme ; elle-même ne saurait rien produire (11). Elle est impuissante (12), infertile (13). Elle n'a pas même d'actes (14) : tout acte est mouvement, et la matière n'est que torpeur (15). Dépeindrons-nous sa configuration ? La matière n'en a pas. Son abaissement en est la cause : c'est au contraire à cause de son excellence que Dieu n'a pas de figure (16). Aussi Dieu, qui n'est pas figuré, est-il la Beauté même ; tandis que la matière, parce qu'elle n'a pas de forme, est le contraire de la beauté, la véritable laideur (17). Dirons-nous à quoi elle ressemble ? Elle est le principe de toute dissimilitude (18). L'ombre d'unité qu'elle possède ne nous apparaît que déjà multipliée (19). C'est à peine si elle a une sorte d'essence ; elle ne compte pas parmi les êtres ; elle n'est pas non plus un phénomène (20).

Mais elle est la base nécessaire de tout phénomène (21), le réceptacle de toute génération (22), le sujet universel (ὑποκείμενον) (23); d'un corps bien ordonné, supprimez l'ordre, il vous restera la matière ordonnée (24).

On le voit : à titre de nécessaire, la matière procède encore du Bien (25); elle a donc une certaine essence (26); elle peut donc aspirer aux dons du Démiurge, recevoir l'impression des idées intellectuelles (27), mais sans qu'elle puisse la transmettre (28), sans même qu'il en résulte pour elle aucune modification (29). Elle n'est donc pas le mal en soi (30); d'abord, parce que le mal en soi n'existe pas (31); ensuite, parce que la matière, entrant pour quelque chose dans la composition du monde, ne

(1) Comm. Tim., p. 54, 274. — Du Mal, c. 5.
(2) Comm. Parm. t. IV, p. 14.—Du Mal, c. 5.
(3) Comm. Républ., p. 381.
(4) Comm. Tim., p. 54.
(5) Ibid. — Du Mal, c. 5.
(6) Comm. Parm. t. V, p. 279.
(7) Id., t. IV, p. 14.
(8) Voyez plus haut, p. 91.
(9) Comm. Parm. t. IV, p. 4; t. V, p. 279.
(10) Comm. Alcib. t. III, p. 32.
(11) Comm. Tim., p. 23.
(12) Comm. Alcib. t. II, p. 219.
(13) Id., p. 266.
(14) Comm. Parm. t. VI, p. 145.
(15) Comm. Alcib. t. II, p. 331.
(16) Comm. Parm. t. VI, p. 47.

(17) Comm. Alcib. t. III, p. 212. — Comm. Tim., p. 274. — Comm. Parm. t. V, p. 92.
(18) Comm. Tim., p. 54.
(19) Ibid.
(20) Comm. Parm. t. V, p. 120.—Comm. Tim., p. 69.
(21) Comm. Tim., p. 44.
(22) Id., p. 142.
(23) Du Mal, c. 5.
(24) Comm. Parm. t. VI, p. 22.
(25) Du Mal, c. 5. — Comm. Tim., p. 117.
(26) Comm. Parm. t. V, p. 142-5.
(27) Id., p. 72.
(28) Comm. Tim., p. 117.
(29) Comm. Parm. t. V, p. 72.
(30) Du Mal, c. 5.
(31) Du Mal, c. 1, 2, 5, 4 —Comm.Tim., p. 533

peut être essentiellement mauvaise (1), et parce que ne pouvant agir, ne pouvant même être modifiée par les impressions qu'elle reçoit, on n'imagine pas comment elle pourrait lutter contre le Bien (2). On peut dire seulement qu'elle devient pour les ames l'occasion du désordre et de la chute (3). Elle n'est pas un mouvement désordonné (4) : un tel mouvement serait encore une force, et la matière n'en possède même pas l'apparence (5). Elle n'est pas non plus la nécessité : elle est seulement quelque chose de nécessaire (6). Elle est, en un mot, ce qui n'est réellement pas, un mensonge vrai (7).

Éclectisme, mysticisme de Proclus.

Éclectisme et mysticisme, tels sont les deux caractères attribués par tous les historiens de la philosophie à la doctrine des Alexandrins en général, et à celle de Proclus en particulier. Je n'ai pas l'intention de sortir des limites que je me suis tracées, et de faire succéder la critique à l'exposition des idées de Proclus. Je n'examine donc pas quel est l'éclectisme dont on a parlé, s'il est la méthode générale et comme le fond même de cette philosophie, ou s'il n'est que le désir de rattacher à une philosophie particulière le plus grand nombre possible d'opinions de détail, empruntées à d'autres doctrines. Mais Proclus lui-même se croit-il éclectique? Lorsqu'il veut qualifier l'école dont il relève, en appelle-t-il à l'éclectisme? Lorsqu'il admet dans son enseignement des idées appartenant à diverses sectes, à quel titre les admet-il? Proclus peut répondre lui-même à toutes ces questions : et nous ne faisons, en les traitant, que compléter l'exposition de son système.

Proclus est profondément et uniquement Platonicien. Platon est son maître, et, pour mieux dire, son Dieu. La parole de Platon est pour lui un dogme sacré, inviolable; jamais Prolus n'y a porté la plus légère atteinte. En vain Platon se contredit: Proclus explique avec un art infini, une inépuisable subtilité, le sens des deux passages, et en fait voir l'unité merveilleuse. En vain, dans quelques unes de ses fictions brillantes, Platon semble avoir oublié certains endroits de ses précédents écrits: Proclus interprète la fiction, et la ramène au sens général de la doctrine. S'il arrive que la contradiction entre les termes soit assez manifeste pour ne pouvoir être expliquée, Proclus la rejette sur la difficulté de la matière, mais ne convient jamais que la contradiction s'étende jusqu'à la nature même des choses.

(1) Comm. Républ., p. 338.
(2) Du Mal, c. 3.
(3) Comm. Alcib. t. III, p. 87.
(4) Du Mal, c. 3.
(5) Comm. Alcib. t. II, p. 219.
(6) Th. s. P. liv. v, c. 31.
(7) Comm. Alcib. t. II, p. 251.

Il est facile de comprendre que pour trouver dans Platon cette unité incroyable, il faut lui donner par l'interprétation un sens qui n'y est pas toujours (1) ; il faut rapprocher bien des détails, qui n'avaient aucune relation dans la pensée de l'auteur ; il faut inventer des théories tout entières, auxquelles Platon n'a jamais songé. C'est ce que fait Proclus, c'est ce qu'il fait sans cesse, et avec une audace dont je citerai un exemple.

Le plus obscur des dialogues de Platon est, sans contredit, le Parménide. Le temps nous a dérobé la partie du commentaire de Proclus qui aurait expliqué les célèbres hypothèses ; mais du moins nous avons l'explication de la première, et nous connaissons la pensée générale qui eût présidé à l'explication des autres ; nous avons même une sorte de sommaire des interprétations de chacune. Enfin, dans la Théologie selon Platon, Proclus dit assez au long quel est le sens et la valeur des hypothèses du Parménide : Le Parménide contient une Théologie tout entière : Cause première, ordres divins qui en découlent, rapport de ces ordres entre eux, tout y est, si l'on en croit Proclus ; et tout y est clairement : c'est ainsi du moins qu'il s'exprime à la fin de sa discussion, car il disait au commencement : Je crains de faire un paradoxe (2).

Ainsi la devise de Proclus : Tout Platon et rien que Platon, se trouve modifiée largement par la manière dont il l'interprète. Est-ce à dire qu'il introduit sciemment ce genre d'interprétation, pour fondre dans la doctrine de son maître les opinions différentes ? Nullement : il a si peu l'intention de faire du Platonisme un système compréhensif, au sein duquel trouveraient place tous les autres, qu'il les condamne tous, et formellement, au nom de Platon : Platon et la vérité sont pour lui synonymes, et il se sert indifféremment de ces expressions : ceci n'est pas conforme à l'idée de Platon, ou, ceci est contraire à la vérité. Mais précisément parce que le Platonisme contient la vérité tout entière, s'il est échappé aux pauvres philosophes qui, marchant dans une autre voie, étaient nécessairement dans l'erreur, de rencontrer parfois quelques idées raisonnables, ces idées ont trouvé tout naturellement leur place parmi celles de Platon : non comme idées ralliées au Platonisme, mais comme idées qui en découlaient naturellement.

Mais, sur toute question, Proclus a soin de citer un grand nombre de philosophes, et souvent il accepte toutes les opinions en les conciliant (3).

(1) Un exemple entre mille : Platon, dans le Timée, ne laisse pas supposer qu'il y ait un dieu supérieur au Démiurge. Ceci dérangerait toute la Théologie de Proclus, telle que nous l'avons exposée, et qui, pourtant, selon Proclus, ne doit être que celle de Platon. Que fait-il ? Platon, dit-il, exposant la physiologie, a *négligé* tout ce qui la précède, et commence la série des intelligibles au paradigme du monde, que le démiurge contemple en soi-même. Comm. Tim. p. 71.

(2) Th. s. P. liv. 1, c. 7, et suivant.

(3) Par exemple, sur la formation du monde, Comm. Tim. p. 84-5, où Plutarque, Atticus, Crantor, Plotin, Porphyre, Iamblique, sont cités et admis.

— D'abord il ne cite jamais que des Platoniciens, ou du moins des philosophes qui, sur le point en question, professent une opinion analogue. S'il vient à citer des auteurs d'opinion opposée, ce n'est que pour les renvoyer bien loin, sans trop discuter ce qu'ils avancent; et ce ton léger, il ne s'en abstient pas, même avec Aristote (1). En général, il affecte de refuser toute originalité aux doctrines d'Aristote; il y voit toujours de simples modifications, qu'il appelle des altérations, aux découvertes du maître (2). Puis, quelle est son intention déclarée, en faisant apparaître ainsi les pensées de divers philosophes? « D'expliquer les endroits obscurs de Platon, en s'aidant des doctrines les plus analogues 3. » Je ne vois pas là un philosophe qui concilie des systèmes; je n'y vois qu'un savant qui consulte des commentateurs, pour découvrir le sens de son texte, « pour saisir, dit Proclus lui-même, la perfection et l'unité de la doctrine platonicienne. »

Maintenant, que Proclus introduise avec éloge une maxime stoïcienne : « L'ignorant s'en prend aux autres de son malheur; le novice croit être la cause de ses bonnes et de ses mauvaises actions; le sage n'accuse ni lui-même ni les autres de ses propres erreurs : car tout doit être en harmonie dans son âme (4), » ce n'est pas qu'il emprunte aux Stoïciens quelque chose de vrai qui ait manqué à Platon; c'est que le sage des Stoïciens a été décrit tout entier par Socrate, et qu'ils n'ont eu qu'à traduire les paroles du maître (5). Que Proclus reconnaisse dans la philosophie attique un mélange de l'ionique et de l'italique (6), il déclare immédiatement que Socrate avait plutôt transformé qu'accepté la philosophie ionique; et ailleurs il ajoute, au sujet des *idées* qui semblent venir de Pythagore, que Socrate est du moins le premier qui les ait nettement expliquées (7). Ainsi tout vient de Platon et tout est dans Platon. Il n'y a pas là beaucoup d'éclectisme.

Je voudrais aussi faire certaines réserves sur le mysticisme qu'on attribue à Proclus. Il est mystique incontestablement; l'être premier n'est pas pour lui une intelligence qui, par ses propres opérations, atteint son objet, et le crée, pour ainsi dire, comme intelligible; mais l'intelligible précède l'intelligence, la remplit de ses dons, en un mot, la constitue; le perfectionnement de l'intelligence ne devra donc pas être cherché dans la perfection des actes qui lui sont propres, mais dans la conjonction intime avec l'intelligible (8); la pensée devra faire place à la contempla-

(1) Comm. Tim. p. 77. — Ceci est une idée péripatéticienne; à quoi bon la citer pour expliquer une idée de Platon? Comm. Tim. p. 18.
(2) Comm. Parm. t. IV, p. 26-7.
(3) Th. a P. liv. 1, c. 2.
(4) Comm. Alcib. t. III, p. 158-9.
(5) Comm. Alcib. t. II, p. 532.
(6) Comm. Parm. t. IV, p. 55-6.
(7) Id. p. 149.
(8) Th. a P. liv. IV, c. 19. — Comm. Parm. t. V, p. 264. — Dix Doutes, c. VI. Comm. Parm. t. VI, p. 68.

tion (1) ; les cérémonies mystérieuses (2), les prophéties (3), l'initiation à tous ses degrés (4), la vie mystique enfin (5), seront préférés à la science et à la vie philosophique (6). Proclus exprimera sa profonde sympathie pour la vie contemplative (7) ; il ne mettra pas en doute l'inspiration directe (8), les prophéties (9), les apparitions (10) ; il croira aux oracles, qui ne trompent jamais, et n'induisent l'homme en erreur que par sa propre faute (11); l'art divinatoire et sacerdotal lui paraîtra de la plus haute importance (12); il écrira sur l'astrologie, et en démontrera la certitude et l'utilité par les mêmes raisons qu'il a données pour la philosophie (13); et malgré tout cela, je voudrais, je le répète, faire mes réserves sur son mysticisme.

Avant de rechercher dans sa doctrine les correctifs assez nombreux qui en modifient la mysticité, j'examinerais sa vie, et je verrais Proclus, assidu sans doute à la contemplation, exact observateur des cérémonies prescrites, et pourtant ne négligeant aucun des devoirs de la vie, cultivant l'amitié, veillant à l'administration de ses biens; refusant, il est vrai, les magistratures, mais excitant son ami Archiade à les rechercher; se mêlant, comme simple citoyen, aux affaires de l'État; assistant à toutes les délibérations publiques; prenant part aux querelles qui divisaient la cité, au point de s'attirer la haine et la persécution des puissants du jour; obligé de chercher son salut dans l'exil; étendant sa sollicitude à d'autres villes que la sienne, et ranimant partout l'amour des lettres, non seulement par de vives exhortations, mais par d'immenses libéralités; en un mot, ardent à l'étude, infatigable dans l'action. Si la doctrine de Proclus est un pur mysticisme, il faut avouer qu'il a été peu soigneux d'accorder sa vie avec sa doctrine, malgré le précepte qu'il en fait au sage (14).

Voyons maintenant sa doctrine elle-même. L'état le plus sublime où l'homme puisse arriver ici bas, c'est l'union, par l'enthousiasme, avec le Dieu suprême. Voilà le mysticisme. Mais, pour s'élever jusque là, il est absolument nécessaire d'avoir passé par la science. Le mysticisme subsiste-t-il tout entier (15)?

On pourrait croire que Proclus, afin d'orner la prière de tous les gen-

(1) Comm. Républ. p. 533.
(2) Id. p. 569.
(3) Comm. Alcib. t. III, p. 196. — Comm. Tim. p. 49.
(4) Th. s. P. liv. IV, c. 26. — Comm. Alcib. t. III, p. 10.
(5) Comm. Tim. p. 551.
(6) Ibidem.
(7) Th. s. P. liv. IV, c. 9.
(8) Id. liv. I, c. 30.
(9) Comm. Alcib. t. III, p. 196.
(10) Comm. Républ. p. 559.
(11) Id. p. 559. — Dix Doutes, c. IV.
(12) De la Prov. c. XXX.
(13) Πρόκλου τοῦ Διαδόχου τῶν ἀσαφῶς εἰρημένων Πτολεμαίῳ, καὶ δυσπαρακολουθήτως ἐν τῇ αὐτοῦ τετραβίβλῳ, ἐπὶ τὸ σαφέστερον καὶ δυσπαρακολούθητον μεταχείρησις. Liv. I, c. 3, p. 25, 53.
(14) Comm. Parm. t. IV, p. 78. — Voyez tous ces détails dans la vie de Proclus par Marinus.
(15) Voyez plus haut ce qui a été dit de la prière.

res de perfections, s'est avisé de lui donner la science pour point de départ, sacrifiant partout ailleurs la science à la contemplation. Ce serait une erreur. Partout ailleurs, au contraire, il déclare qu'on ne peut arriver à la vie contemplative, qu'après avoir passé par la science (1). Il distingue soigneusement les passages où Platon parle de Théologie en homme inspiré, ou sous la forme du symbole, de ceux où il en parle en dialecticien, et se prononce hautement pour la manière scientifique, signalant tous les inconvénients du mythe (2). Il ne cesse de répéter que la fin de l'Ame, c'est l'assimilation à l'intelligence, par la possession de la science (3). Enfin, il exhorte positivement à l'action (4). Ce mysticisme ne ressemble donc pas à tous les autres. Le grand reproche sous lequel ils succombent d'ordinaire, c'est celui d'étouffer la science : Proclus ne la condamne pas, il l'exige. Le mysticisme est contraire à la vie active : Proclus la conseille et la pratique. Tout au moins détourne-t-il de la vie politique ? Proclus trace les conditions d'un bon gouvernement, se mêle aux affaires de son pays, le dirige en quelque sorte puisqu'il est l'assidu conseiller du premier magistrat, et subit toutes les conséquences de sa participation aux affaires de la cité : il est contraint de se dérober à la persécution par l'exil. Il y a donc, ce me semble, quelques restrictions à faire lorsqu'on parle du mysticisme de Proclus.

––––––

Religion, ou forme symbolique de la doctrine de Proclus.

Avant l'espace et la durée, avant toute forme de pensée, de vie et d'existence, dans les profondeurs de sa nature ineffable, Dieu est. Il se manifeste : et aussitôt toute forme d'existence, de vie et de pensée, la durée et l'espace ont commencé d'être. Dieu est un, et fait toutes choses; c'est-à-dire que la puissance divine est partout la même, et ne s'exerce pas partout de la même manière; tous les êtres sont l'œuvre de Dieu, et chacun est une œuvre différente. Éternellement créés par Dieu, éternellement conservés par lui, éternellement aspirant vers lui, les êtres sont avec Dieu dans un triple rapport; et ces trois relations qui unissent nécessairement tous les êtres à Dieu, doivent encore offrir certaines différences, selon la nature et le degré hiérarchique des Êtres. Étudiez et classez chaque espèce d'êtres; définissez chacune des forces qui les gouvernent; ramenez toutes ces forces à l'unité de la puissance divine, vous avez la science; honorez dans chaque espèce d'êtres, dans chaque genre de forces, une manifestation spéciale, distincte, *individuelle*, de

(1) Comm. Alcib. t. III, p. 10, et p. 105-6.
(2) Th. s P. liv. I, c. 4, 29.
(5) Voyez tout le chapitre sur l'homme.
(4) Comm. Alcib. t. II, p. 350.

la puissance divine, vous avez la religion. Proclus ne connaît pas deux ordres différents de vérités, ou deux vérités différentes: la vérité est une, mais elle s'exprime par la langue de la science, ou par le symbole religieux (1). Le symbole est l'œuvre d'hommes savants, qui, inspirés de Dieu, ou guidés par le génie, ont donné une enveloppe temporelle aux vérités éternelles, transformé le simple en composé, l'un en multiple; mais le symbole, sous sa forme propre, n'en contient pas moins la réalité divine. Et voilà pourquoi nous devons, à l'imitation de Socrate dans le Philèbe, parler avec respect des noms mêmes des Dieux (2). Voilà pourquoi il ne faut pas réserver nos hommages aux divinités d'un seul peuple; il est digne du sage d'être l'hiérophante du monde entier (3).

Après Dieu, qui est ineffable pour la langue du symbole comme pour celle de la philosophie, nous rencontrons l'Essence intelligible. Une, indivisible et simple, l'essence intelligible n'en renferme pas moins la trinité de l'Être, de la Vie, et de l'Intelligence; et chacun de ces termes à son tour est une Trinité, dont les deux premiers termes sont le Fini et l'Infini, et le troisième le Mixte, qui est tour à tour Être, Vie, Intelligence. La première trinité intelligible désigne plus particulièrement la force persévérante et indestructible de l'essence; la seconde, son inépuisable fécondité; la troisième, le mouvement en retour, par lequel un désir intelligent ramène tous les Êtres à Dieu. La première est plus semblable à l'Unité; la seconde renferme la distinction; la troisième, le nombre. Tel a été le langage de la Philosophie.

Le mythe, avons-nous dit, consiste à nommer *Dieux* les différents aspects de la puissance divine (4). L'Essence intelligible sera un Dieu. Elle est triple: elle formera trois ordres de Dieux. La première trinité, ou l'Essence, sera la Trinité des Dieux intelligibles; la seconde, ou la Vie, sera la Trinité des Dieux intelligibles et intellectuels; la troisième, ou l'Intelligence, sera la Trinité des Dieux Intellectuels Nous dirons un mot sur chacune de ces Trinités.

La première est la plus ineffable de toutes: elle touche de plus près au Dieu véritable; les dons qu'elle communique sont les plus divins; les hommes ne lui donnent pas encore de nom individuel. Mais son pouvoir a des traits caractéristiques, et ils les désignent, en disant que cette Trinité est le Père (5).

La Trinité des Dieux intelligibles et intellectuels, est moins ineffable que la précédente, et néanmoins elle l'est assez pour qu'on lui doive

(1) Th. s, P. liv. 1, c. 4, 5, 29. —Comm. Parm. t. IV. p. 39.
(2) Th. s P. liv. 1, c. 30.
(3) Vie de Proculus, par Marinus.
(4) Th. s. P. liv. 1, c. 30.
(5) Le 5e livre de la Théologie selon Platon est consacré aux Dieux Intelligibles.

épargner les noms individuels. Ce qu'elle représente, c'est la fécondité de l'Être ; elle sera donc la Mère. Le second et le troisième terme de cette trinité expriment la propriété de *Contenir*, et celle de *Perfectionner*. Mère de tout ce qui existe, elle en est aussi la nourrice ; elle offre aux êtres deux aliments : l'Ambroisie et le Nectar. L'Ambroisie, aliment solide, représente le Fini ; le Nectar, aliment liquide et plus mobile, représente l'Infini ; et nous n'avons pas oublié que tout être contient le Fini, l'Infini, et leur mélange.

Mère des Dieux, et les portant dans son sein, cette trinité est assez bien représentée par le Ciel, qui, dans ses trois divisions : Ciel supérieur, ciel, voûte céleste, ou ciel inférieur, contient les Dieux, les âmes divines, et toute la génération. Le ciel, a dit Orphée, est le lieu d'où Adrastée, frappant sur son tambour d'airain, convoque tous les êtres à la grande réunion dans le sein de la divinité (1).

La Trinité des Dieux Intellectuels n'offre pas seulement la distinction, elle renferme aussi le nombre : chacun de ses termes est accompagné par conséquent de plusieurs autres ; de là des mélanges, et, comme disent les Théologiens, des Mariages. En communication directe avec le gouvernement du monde, elle a tiré de là sa qualification de Père ; mais elle est suffisamment distinguée du Père intelligible ; on ne la nomme pas le Père, mais *les* Pères intellectuels ; et chacun de ces Pères, individualisé, a reçu un nom : le premier est Kronos, le second Rhéa, femme de Kronos ; le troisième Jupiter, fils de Kronos et de Rhéa.

Kronos, qui représente l'essence intellectuelle émanant de l'intelligible, qui est la source de toute lumière et de toute vérité pour le monde, a la propriété de *rajeunir* ; Jupiter, qui est le premier Démiurge, qui ordonne le monde tout entier, la génération comme les âmes, Jupiter est celui qui fait tout vieillir. Kronos dispense la loi providentielle ; Jupiter, les lois fatales. Kronos rappelle une pure illumination (Κρόνος, νοῦ χορηγός) ; Jupiter, le mouvement et la vie (Ζεύς, Διός, Ζῆνα, δι' ὃν ζῆν ὑπάρχει). Le second terme est représenté par une femme, parce que la fécondité, la vie, occupe toujours, dans toutes les Trinités, le rang intermédiaire. Jupiter n'agit qu'après Saturne ; ce que le mythe exprime en disant que l'empire de Saturne passe à Jupiter.

Mais rappelons-nous avec quel soin, tout en faisant du Démiurge l'auteur du monde, nous avons montré qu'il en était distinct. La distinction du monde et de son auteur, la barrière qui l'en sépare, sera dans le mythe une trinité de Dieux : Trois enfants de Jupiter, Minerve, Proserpine, Bacchus, conservent inaltérable, et maintiennent séparée du

(1) Le 4e livre de la Théologie selon Platon est consacré aux Dieux Intelligibles et Intellectuels.

monde la dignité de leur père. Leur mère n'est autre que la fécondité universelle, ou Rhéa; mais quand elle s'unit, non plus à Kronos, intelligence pure, mais à Jupiter, intelligence Démiurge, elle prend le nom de Cérès (Δημήτηρ). Proserpine a donné son nom à la Trinité dont elle est le terme moyen : ces Dieux s'appellent les Curètes (Κουρῆτις, Κόρη). Néanmoins, l'unité de cette triade est mieux représentée par Minerve, dont la danse armée est le véritable symbole d'une puissance vigilante et préservatrice.

Enfin, dans l'ordre intellectuel, tout est dans tout, et chaque *idée* en soi-même. Cette distinction mystérieuse au sein de l'unité est représentée dans le mythe par une divinité terrible, qui n'a pas de nom, mais dont les œuvres sont éclatantes : c'est à elle qu'il faut rapporter ce que disent les Théologiens des Dieux chassés, blessés, mis à mort par d'autres Dieux. Réuni aux trois Pères intellectuels et aux trois Curètes ou gardiens, ce Dieu achève l'hebdomade intellectuelle, si souvent nommée dans la Théologie hellénique (1).

Le démiurge produit, hiérarchise, conserve, gouverne les êtres, et les rappelle à lui. Ces différentes attributions de la puissance démiurgique sont exercées par les Dieux, chefs du monde (ἡγέμονες, ου ὑπερκόσμιοι, ου ἀφομοιωμπτικοί, parce que la nature et le rang d'un être dépend de son degré de similitude avec les Premiers). Leur unité est dans le démiurge, dans Jupiter : et leur Trinité, c'est : Jupiter, Neptune, Pluton, en d'autres termes Jupiter, Jupiter marin, Jupiter souterrain. Car Jupiter est le commencement, le milieu, la fin de tous les êtres :

$$\text{Ζεὺς δ' ἀρχὴ, Ζεὺς μέσσα, Διὸς δ' ἐκ πάντα πέφυκε,}$$

a dit Orphée. Ces trois Dieux sont les trois Saturnides. Ils forment, avons-nous dit, la Trinité Démiurgique :

Jupiter, auteur de la Démiurgie universelle, qui comprend les âmes et les corps ;

Neptune, Démiurge particulier des âmes ;

Vulcain (apparemment le même que Pluton), Démiurge particulier des corps.

Enfin, toutes les puissances partielles de la Démiurgie sont représentées par Trois trinités, qui, ajoutées à la Trinité Démiurgique, complètent les 12 grands Dieux de la Théologie grecque; voici ces trois trinités :

_____

(1) Le 5e livre de la Théologie selon Platon est consacré aux Dieux Intellectuels.

DIEUX GARDIENS :

Vesta, Minerve, Mars,

DIEUX ZOOGONIQUES :

Cérès, Junon, Diane,

DIEUX ANAGOGIQUES :

Mercure, Vénus, Apollon.

Chacun de ces Dieux est environné d'Anges, de Démons, de Héros qui lui obéissent: les anges, sont comme les verbes des Dieux ; les démons, transforment la parole des dieux en réalité vivante; les héros, sont les ministres des changements que les Dieux opèrent, dans la nature, par la succession des phénomènes, dans les âmes, par la succession des récompenses et des châtiments, nécessaires à leur affermissement dans le bien, ou à leur délivrance des chaînes de la malice. Mais les Héros, comme les Démons, sont les agents des Dieux, c'est-à-dire de la Bonté même; et ne sauraient être considérés, quel que soit leur rôle, comme des divinités malfaisantes (1).

Telle est, selon Proclus, la religion Hellénique, identique dans le fond à la philosophie.

(1) Le 6ᵉ livre de la Th. s. P. est consacré aux Dieux hypercosmiques. — Cf. le commendement du Comm. sur le Parm. où Proclus, adressant une prière aux Dieux, en nomme successivement les différents ordres. — Le Traité sur le Mal, où sont décrites les propriétés des Anges, des Démons, et des héros. — Et enfin le Comm. Alcib. t. II, où l'ordre démonique est étudié, à l'occasion du Démon de Socrate.

NOTE 1.

Ordre chronologique des ouvrages de Proclus.

L'un des premiers écrits de Proclus doit avoir été son petit ouvrage sur l'*Existence du Mal* (De Mali existentia libellus), dont le texte est perdu, mais dont il existe une version en latin barbare du XIIᵉ siècle, par Guillaume Morbeka, archevêque de Corinthe. M. Cousin l'a publié dans le tome Iᵉʳ des OEuvres inédites de Proclus, Paris, 1820. Il est antérieur au *Commentaire sur le Parménide*, dans lequel il est clairement désigné · « Le Mal n'a point de Paradigme divin ; il vient des causes que nous avons énumérées ailleurs. » Comm. Parm., t. V, p. 59. Il a même dû précéder le *Commentaire sur le Timée* : « J'ai parlé ailleurs, dit Proclus, de la question du mal, et avec tous les développements nécessaires. » P. 116 [1]. Ceci indique avec d'autant plus d'évidence le Traité sur l'Existence du Mal, que le passage du Timée qui nous occupe est de beaucoup ce qu'il y a de plus explicite sur le mal, dans les ouvrages de Proclus, le Traité spécial excepté.

Je ne trouve pas d'indication claire qui m'autorise à placer en second lieu le *Traité sur la Providence, le Destin et la Liberté*, conservé comme le précédent par la traduction de l'archevêque de Corinthe ; mais il doit être antérieur aux *Dix Doutes sur la Providence :* car il aborde légèrement plusieurs points qui sont examinés à fond dans ce dernier ouvrage, et nulle part il n'y renvoie. Et les Dix Doutes, par la même raison, doivent avoir été composés avant les grands ouvrages qui n'y sont point cités, et qui pourtant, sur un grand nombre de points, auraient pu l'être.

Mais un livre important, puisqu'il donne l'ensemble du système de Proclus, ou, pour en parler plus exactement, puisque ses chapitres sont à peu près dans l'ordre où ils doivent être pour correspondre aux différentes parties du système, les *Éléments de Théologie* appartiennent sûrement à cette première époque : ils sont indiqués dans le Commentaire sur le Timée. Plotin ne croyait pas que l'âme descendît tout entière dans la génération ; Iamblique le réfute ; Proclus déclare avoir prouvé le contraire. Comm. Tim., p. 541. C'est en effet le sujet de la CCXIᵉ proposition des Éléments de Théologie.

C'est encore avant le Timée que fut écrit un *Commentaire sur le Théétète*, que nous n'avons plus. Comm. Tim., p. 78.

_____

[1] Le Traité sur le mal est encore indiqué dans le Comm. Rép., p. 558 ; mais le Comm. Rép. est postérieur à la Th. s. P.

S*

Vinrent ensuite le *Commentaire sur le Phèdre* (perdu), le *Commentaire du Parménide* et celui *du Timée.* Le Commentaire du Phèdre est cité dans celui du Parménide, t. V, p. 208 , et t. VI, p. 111. Mais je ne saurais prononcer sur la place relative qu'on doit assigner à la composition des deux autres.

Proclus n'avait que vingt-huit ans lorsqu'il composa le *Commentaire du Timée.* (Vie de Procl. p. Marinus.)

La *Théologie selon Platon* suivit le *Comm. du Parménide,* qu'elle cite en toutes lettres (liv. III, c. 25), et précéda le *Commentaire sur le premier Alcibiade,* où elle est citée, t. III, p. 71.

Enfin le *Commentaire sur la République,* dont il n'a été publié que des fragments, est également postérieur à la Théologie selon Platon. Lorsque Proclus dit (p. 559) : Les oracles ne sont jamais trompeurs ; mais, faibles que nous sommes, nous ne comprenons pas toujours ce qu'ils disent. J'ai parlé ailleurs de leur véracité, » c'est à la Théologie de Platon qu'il renvoie ; c'est là en effet (liv. I, c. 21)qu'il a démontré la véracité des oracles.

NOTE 2.

Sur le véritable objet du Parménide, le nombre et le sens des hypothèses.

(Extraits du Commentaire de Proclus sur le Parménide.)

.... « Quelques uns de nos prédécesseurs ont cru que ce dialogue avait pour but de mettre en scène un combat dialectique; et parmi eux, les uns le croient dirigé contre Zénon. Platon, disent-ils, a cette coutume : il prend volontiers un sujet déjà traité par un autre, soit pour le surpasser en l'imitant (comme dans son Ménexène, il a imité et surpassé Thucydide), soit pour le battre en le contredisant (comme il fait ici pour le principe de Zénon), soit pour le contredire et l'imiter en même temps (lorsqu'il refait, par exemple, le discours de Lysias rapporté par Phèdre) (1).

Les autres ne pensent pas que Platon ait voulu attaquer Zénon, dont la doctrine n'est autre que celle de Parménide. Ils remarquent avec raison que, matériellement, le dialogue a trois grandes divisions : Recherche sur les idées; Indication de la méthode selon laquelle doivent s'exercer les amis de la vérité; Application de cette méthode sur un exemple : l'Un selon Parménide. Mais la méthode leur paraît le fond même du Dialogue, et en cela ils se trompent. Jamais Platon n'eût mis en jeu le plus ineffable des dogmes, pour donner un exemple de méthode.

La vérité est que la doctrine de Parménide sur l'Un, est le fonds de l'ouvrage; que la grande méthode était nécessaire pour le traiter, et que la discussion sur les idées sert à faire naître le besoin de la méthode (2).

..... Selon mon maître Syrianus, ce dialogue n'est pas le fruit d'une sagesse humaine, mais plutôt la révélation de quelque nymphe Hypsipyle, comme dit Parménide, dans ses poésies. Il roule sur l'ensemble des êtres, étudiés sous ce point de vue, qu'ils viennent tous de l'*Un*, que l'*Un* donne naissance à la cause universelle, et que tout être a reçu de l'*Un* ce qu'il peut y avoir en lui de divin (3)..... Or cet *Un* est d'une manière dans les Dieux, d'une autre dans ce qui est après les Dieux. Dans les Dieux, il est parfait, il est en soi et non dans un sujet étranger; car tout Dieu est Dieu en vertu de l'*Un*, quoique tel Dieu soit seulement *un*, et que tel autre soit *un*, et distributeur de l'*Un*. Dans ce qui est après les Dieux, l'*Un* n'est plus qu'une manière d'être τις; car toute

(1) T. IV, p. 21-4.　　　　　　　　(3) T. IV, p. 51.
(2) T. IV, p. 24-50.

idée, toute âme, tout corps, participent à un certain *un* ; mais cet *un* n'est plus Dieu ; ce n'est plus qu'une image de Dieu, un germe divin, comme la forme est l'image de l'Être, comme la connaissance est l'image de l'intelligence, et comme, dans les derniers ordres, l'αὐτοκινησία est l'image de l'âme. C'est ainsi que Parménide rapporte tout à son *Un*, comme Timée rapporte tout à son *Démiurge* ; et tous deux ont raison, car l'Un de Parménide est pour tout ce qui existe, ce que le Démiurge du Timée est pour la nature et le monde visible. Le Dieu, qui est Dieu selon l'*Un*, n'est pas un certain Dieu, mais Dieu ; mais le Démiurge est un certain Dieu, parce que la Démiurgie n'est qu'une propriété divine, et qu'il y a d'autres propriétés qui sont divines sans être démiurgiques. Aussi le Parménide a lieu pendant les grandes Panathénées, fête où l'on déployait le voile de Minerve. Ce voile retraçait la victoire de Minerve sur les géants, allégorie qui nous montre la supériorité de l'Un, de l'immatériel, de l'intelligence, sur leurs contraires. Le Timée a lieu pendant les petites Panathénées ; ce qui montre combien l'objet du Parménide était aux yeux de Platon supérieur à celui du Timée, combien la doctrine de l'Un est supérieur à celle de la Démiurgie (1).

...... L'Un a trois points de vue : il y a l'Un distinct des Êtres ; l'Un qui est dans les Êtres, l'Un qui est inférieur à l'Être. Dans les trois premières hypothèses, Parménide considère chacune de ces trois formes de l'Un dans son rapport avec elle-même, étant telle qu'il suppose, et dans son rapport avec la multitude des êtres et de leurs formes. Les deux hypothèses qui viennent ensuite partent de la multitude des êtres, et recherchent quels rapports ils soutiennent et avec eux-mêmes et avec l'Un, selon qu'ils y participent ou non. Les quatre dernières examinent ce qui arriverait, si l'Un n'était pas. Mais il y a deux manières de n'être pas : n'être réellement pas, ou bien, étant sous un rapport, n'être pas sous un autre. C'est en tenant compte de cette distinction que la sixième et la septième examinent quels rapports l'Un *n'étant pas* peut avoir avec lui-même et les autres ; quels rapports les autres peuvent avoir avec eux-mêmes et avec l'un *n'étant pas* (2).

.... Les hypothèses du Parménide sont au nombre de neuf. *Si l'Un est*, donne lieu à cinq hypothèses : 1o quel est relativement à soi et aux *autres*, l'Un supérieur à l'Être ? 2o quel est l'Un coordonné à l'Être ? 3o quel est, relativement à soi et aux *autres*, l'Un inférieur à l'Être ? 4o quel rapport les *autres*, participant à l'Un, ont-ils entre eux et avec l'Un ? 5o comment les *autres*, ne participant pas à l'Un, sont-ils entre eux et avec l'Un ? *Si l'Un n'est pas*, donne lieu aux quatre dernières : 6o comment l'Un, s'il n'est pas (étant sous un rapport et non sous un autre), est-il relativement à lui et aux *autres* ? 7o comment l'Un, s'il n'est pas (n'étant absolument pas) est-il relativement à lui et aux autres ? 8o comment les *autres* sont-ils entre eux et relativement à l'Un n'étant pas (étant sous un rapport et non sous un autre) ? 9o comment les *autres* sont-ils relativement à eux-mêmes et à l'Un (n'étant absolument pas) (3) ?

(1) T. IV, p. 34-6.
(2) T. V, p. 523.

(3) T. VI, p. 4-5.

.... Le tort d'Iamblique et de quelques autres, c'est de n'avoir pas vu que, dans les cinq premières hypothèses, Parménide établit des vérités ; et que, dans les quatre dernières, il conclut par l'absurde. Il veut prouver que, l'Un étant, tout existe ; l'un n'étant pas, il n'existe rien (1).

.... C'est donc dans les cinq premières seulement qu'il faut chercher à reconnaître les principes ..... Le philosophe de Rhodes a bien vu cela ; mais il en a conclu, et à tort, qu'il fallait dix hypothèses, pour qu'aux cinq premières correspondissent autant d'hypothèses contraires, et menant à l'absurde (2).

...... Opinion de Plutarque (maître de Syrianus, et premier maître de Proclus) : la première hypothèse roule sur Dieu ; la deuxième, sur l'Intelligence ; la troisième, sur l'Ame ; la quatrième sur l'*idée* engagée dans la matière ; la cinquième sur la matière. — Les Pythagoriciens appelaient *un* toute nature incorporelle et distincte ; ils appelaient *les autres* toute nature corporelle et engagée dans les corps. — Il dit que, dans les quatre dernières, Parménide montre : que si l'un n'est pas dans les êtres (étant sous un rapport et n'étant pas sous un autre), le sensible seul existera ; il n'y aura de connaissance que la sensation, et d'objet de connaissance que le sensible ; et que si l'Un n'est absolument pas, toute connaissance et tout objet de connaissance est anéanti.... Ainsi, selon cette opinion, la première hypothèse est sur l'Un que, dans la *République*, Platon distingue de l'essence et de l'Être ; les quatre suivantes sont sur les êtres ; dont deux sur les êtres éternels, et deux sur les êtres engendrés, selon la division de Timée.

C'est l'opinion qu'adopte Proclus, avec quelques légers changements de détail et de rédaction : la première hypothèse est sur l'Un-Dieu ; et montre comment il engendre et ordonne tous les ordres des Dieux ; la deuxième sur tous les ordres divins ; elle dit comment ils se développent hors de l'Un ; la troisième, sur les âmes assimilées aux Dieux, mais qui n'ont pas une essence divine ; la quatrième, sur les *idées* engagées dans la matière, sur leurs ordres, et la manière dont ils sont produits par les Dieux ; la cinquième, sur la matière qui ne participe pas aux *unités-idées*, mais reçoit directement son hypostase de la monade unique et supra-essentielle ; car la lumière de l'Un parvient jusque là, et illumine l'indéfini de la matière (5).

...... Le but de la première hypothèse est donc de remonter de l'*Un-Être* à l'*Un*, et de voir comment l'*Un* est distinct de tout.

(1) Id., p. 24.
(2) Id., p. 25.

(5) T. vi, p. 27-54.

NOTE 3.

Sur le supplément au VIIe livre du Commentaire de Proclus sur le Parménide, attribué à Damascius.

Damascius (car les manuscrits sur lesquels a été faite l'édition de Paris donnent ce nom, et, jusqu'à preuve contraire, je ne vois pas pourquoi on la rejetterait), recueillant les données de Proclus sur le sens des hypothèses du Parménide, a essayé de compléter cet ouvrage. Il s'arrête à la fin de la première hypothèse : Damascius a tâché de rendre compte des six autres. Autant Proclus, qui possède parfaitement l'ensemble et les détails de son système, qui ne se trompe jamais en faisant des additions perpétuelles à son immense échafaudage d'abstractions réalisées ; autant, dis-je, Proclus est abondant sur les moindres choses, autant Damascius est bref et sec. Il ne fait que répéter sur chaque hypothèse ce que Proclus a dit sur leur ensemble (voyez la note précédente). Mais, indépendamment de la sécheresse, je ne sais si Proclus aurait admis toutes les opinions de son continuateur.

Selon Damascius (t. VI, p. 256), « l'Un serait essence, non par une participation à l'essence, mais supra-essentiellement » ; ceci ne fait point suite à l'explication de Proclus, et ne me paraît point conforme à sa doctrine. Mais voici bien autre chose.

L'Un, dit Platon, est autre que lui-même. Ceci, dit le hardi Damascius, est sophistique. Ce sont, en effet, les sophistes qui ont introduit ce raisonnnement : le même homme, lorsqu'il est dans l'Académie, n'est plus le même que lorsqu'il est dans le Portique. Aristote les a refutés. — Platon sophiste, et Aristote redressant Platon ! Proclus eût redressé son continuateur.

Il eût approuvé que l'on signalât les emprunts faits à Platon par Aristote : « C'est d'ici (Damascius , t. VI, p. 279) qu'Aristote a pris ce qu'il dit du lieu : le lieu est la limite du contenant ; la limite intérieure du contenant est le lieu du contenu. — Et encore (p. 280) : Aristote a tiré d'ici ce qu'il dit du parfait, de l'imparfait et de la génération. » Mais il n'eût pas approuvé qu'on s'occupât si souvent d'Aristote.

En résumé, le commentaire de Damascius me paraît peu intéressant et médiocrement conforme aux idées de Proclus.

NOTE 4.

Sur les LV *propositions soutenues à Rome par Pic de la Mirandole,*
et dans lesquelles il a résumé la doctrine de Proclus.

Ce n'est pas la doctrine de Proclus, mais seulement le livre sur la *Théo-*
logie selon Platon, qui est résumé dans les LV conclusions de Pic de la Mirandole.

Elles sont exactes, et il rend assez bien, dans son latin barbare, le sens de
son auteur; on peut toutefois lui adresser quelques reproches assez graves.

Ses propositions se suivent dans un tel désordre que, non seulement il n'a
pas réuni ensemble celles qui sont inséparables, mais encore qu'il énonce au
commencement ce qui ne pouvait être intelligible qu'à la fin; par exemple : Conclusio 4ᵉ : Contentiva proprietas est media ordinis 2ᵃ Trinitatis, qui in Phædro
cœlestis dicitur circumductus. Lorsqu'on a dit que l'ordre intelligible se divise
en trois trinités, on peut concevoir ce qu'est cette seconde Trinité ; lorsqu'on a
dit que cette seconde Trinité est comme la Mère des Dieux, on peut concevoir
ce qu'est *proprietas contentiva*; enfin lorsqu'on a dit que cette deuxième Trinité a pour symbole le ciel, et que le ciel se divise en ciel supérieur (νῶτον
οὐράνου), ciel central (περιφορὰ οὐράνου, circumductus de Pic), et ciel inférieur
ou voûte céleste (ἄψις οὐράνου), on peut deviner que cette *capacité* de la deuxième
Trinité correspond à la *capacité* du ciel ; mais jusque là, l'énoncé de la conclusion n'offre qu'une énigme dont les termes eux-mêmes sont énigmatiques.

Il confond, contre les recommandations répétées par Proclus dans l'ouvrage
même qu'il résume, il confond dans un même énoncé la langue philosophique
et la langue du mythe : Conclusio 4ᵉ : Quod est in intelligibilibus terminis infi-
nitum, est in intellectualibus *mas et fœmina*, in supra mundanis identitas et
alteritas, etc., etc.

Il exprime d'une manière obscure (sauf les altérations possible du texte, qui
en renferme évidemment plusieurs), ce qu'il y a de moins difficile à comprendre dans le système de Proclus : Conclusio 48ᵃ : sicut 4ᵃ Trinitas post uni-
tatem est omnia intelligibiliter commensurare, et finiformiter; ita secunda
Trinitas est omnia vitaliter, vere, et infinitiformiter; tertia, est omne secundum
mixti proprietatem, et pulchriformiter.

Mais, je le répète, il est exact, et, de ses LV conclusions soigneusement
examinées, je n'en ai pas trouvé une seule qui ne fût conforme à la doctrine de
Proclus.

———

Vu et lu,

A Paris, en Sorbonne, le 26 juillet 1840,

Par le doyen de la Faculté des Lettres de Paris,

J.-VICT. LE CLERC.

Permis d'imprimer,

L'inspecteur-général des Études, chargé de l'administration

de l'Académie de Paris,

ROUSSELLE.

FIN.

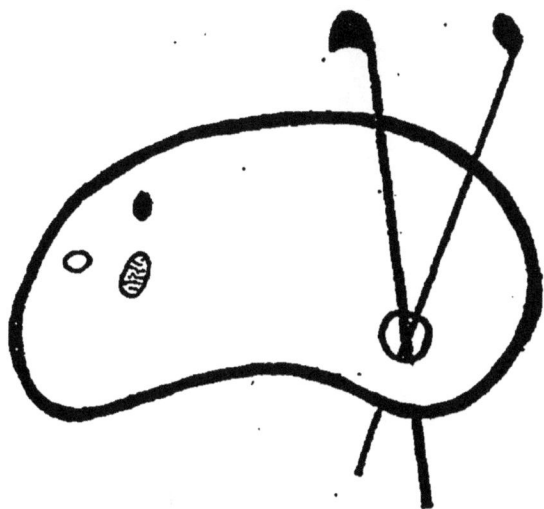

ORIGINAL EN COULEUR
NF Z 43-120-8

www.ingramcontent.com/pod-product-compliance
Lightning Source LLC
Chambersburg PA
CBHW051737090426
42738CB00010B/2298